FÓSFORO

Floresta na Boca

Tasting the Forest

1ª reimpressão

Amazônia

Pessoas, paisagens e alimentos

People, places and food

Bel Coelho

Concepção e direção geral
Concept and General Coordination
Bel Coelho
Marina Aranha

Apoio • *Support*
Instituto Arapyaú

Direção de pesquisa e roteiro
Research and Itinerary Management
Jerônimo Villas-Bôas

Direção editorial
Editorial Direction
Marina Aranha
Janaina Fidalgo
Julia Monteiro

Edição • *Publishing*
Editora Fósforo

Editor • *Editor*
Carlos Tranjan
Juliana de A. Rodrigues

Textos • *Texts*
Janaina Fidalgo

Receitas • *Recipes*
Aldenora Gonçalves
Bel Coelho
Edilena Cristina Teixeira de Oliveira
Francisca das Chagas
Helena Quaresma
Hélia Félix
Keila Damasceno da Costa
Siderlene Silva de Sousa
Silvane dos Santos

Versão para o inglês
English Version
Stephen Rimmer

Revisão • *Proofreading*
Angélica E. Gomes
Eduardo Russo
Sarah Abadi
Andrea Souzedo

Direção de arte
Art Direction
Marina Aranha
Luciana Orvat

Capa, projeto gráfico e diagramação • *Cover, Graphic Design and Layout*
Estúdio Claraboia:
Felipe Daros
Luciana Orvat
Vitor Luis
Yasmin Amorim

Assistência de diagramação
Layout Assistance
José Rodolfo Arantes de Seixas

Fotografia • *Photography*
Carol Quintanilha

Fotografia receitas (Pará)
Recipes Photography (Pará)
Lari Lopez

Fotografia receitas (Bel Coelho) • *Recipes Photography (Bel Coelho)*
Lari Lopez
Raphael Criscuolo

Ilustrações • *Illustrations*
Marina Aranha

Produção executiva
Executive Production
Isa Paula Morais

Produção gráfica
Graphic Production
Lilia Góes

Apoio à pesquisa e produção
Support for Research and Production
Layza Bandeira
Marcelo Salazar
Olivia Beatriz Moraes Dias de Aguiar
Patty Durães
Saulo Jennings
Thiara Fernandes

Tratamento de imagens
Image Processing
Adiel Nunes Ferreira

Impressão • *Printing*
Ipsis

Distribuição • *Distribution*
Editora Fósforo

CIP-BRASIL. CATALOGAÇÃO NA PUBLICAÇÃO
SINDICATO NACIONAL DOS EDITORES DE LIVROS, RJ

C614f

Coelho, Bel
Floresta na boca : Amazônia : pessoas, paisagens e alimentos = Tasting the forest : Amazonia : people, places and food / Bel Coelho ; [versão para o inglês Stephen Rimmer]. — 1. ed. — São Paulo : Fósforo, 2025.

Edição bilíngue
ISBN: 978-65-6000-147-3

1. Culinária brasileira — Amazônia. 2. Receitas brasileiras — Amazônia. 3. Alimentos — Brasil — Amazônia. I. Rimmer, Stephen. II. Título.

CDD: 641.59811
25-100218.0 CDU: 641.5(811)

Carla Rosa Martins Gonçalves — Bibliotecária — CRB-7/4782

1ª edição
1ª reimpressão, 2025

APOIO

instituto arapyaú

PARCERIA

REENVOLVER biodiversidade na mesa

Amazônia

AÇAÍ
Euterpe oleracea

ALFAVACA
Ocimum capechianum

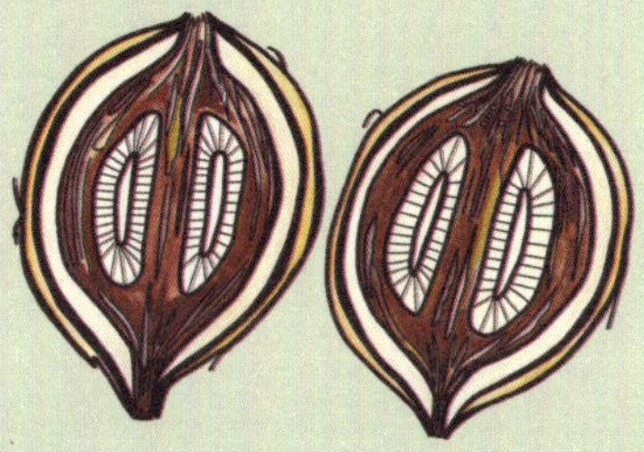

BABAÇU
Orbignya phalerata

BACURI
Platonia insignis

BURITI
Mauritia flexuosa

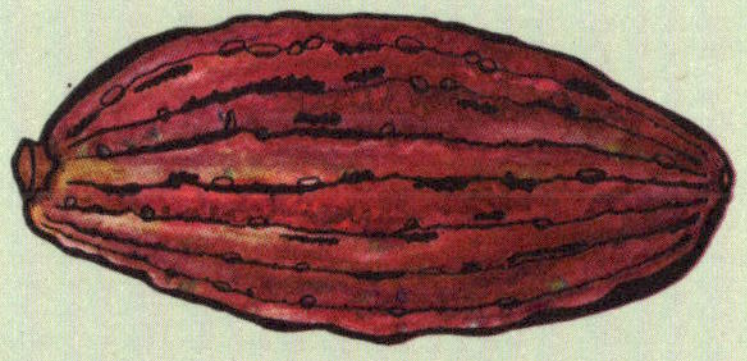

CACAU
Theobroma cacao

CASTANHA-DO-BRASIL
Bertholletia excelsa

CHICÓRIA-DO-PARÁ
Eryngium foetidum

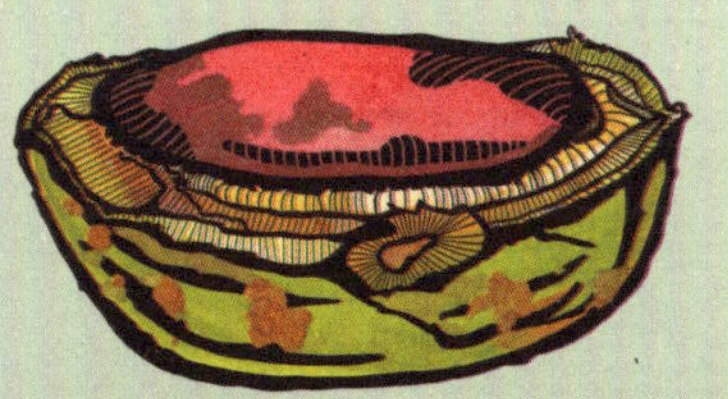

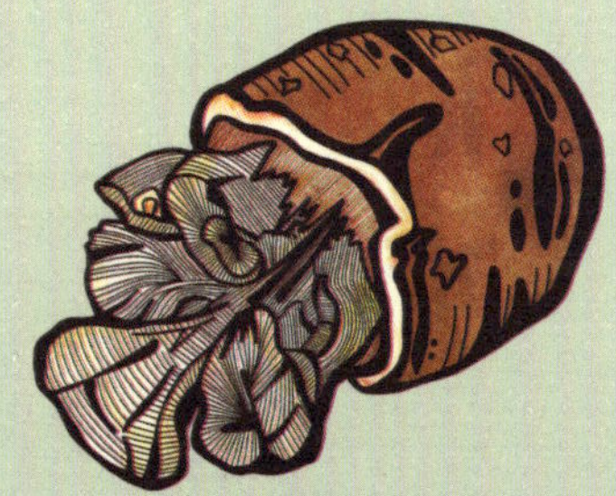

JAMBU
Acmella oleracea

JARAQUI-ESCAMA-GROSSA
Semaprochilodus insignis

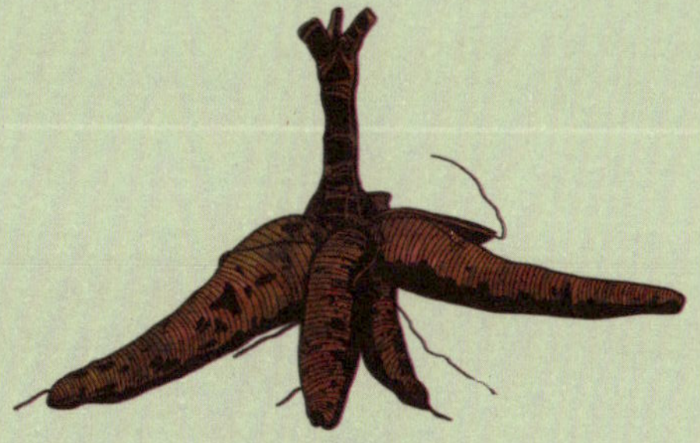

MANDIOCA
Manihot esculenta

MAPARÁ
Hypophthalmus edentatus

MURUPI
Capsicum chinense

PIRAÍBA
Brachyplatystoma filamentosum

PIRARUCU
Arapaima gigas

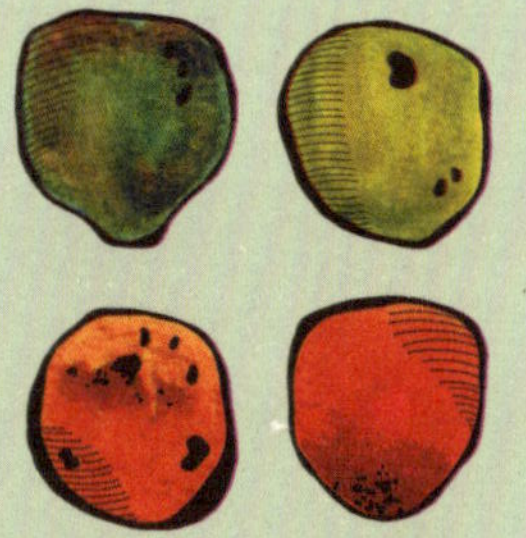

PUPUNHA
Bactris gasipaes

TAMBAQUI
Colossoma macropomum

TAPEREBÁ
Spondias mombin

TUCUMÃ
Astrocaryum aculeatum

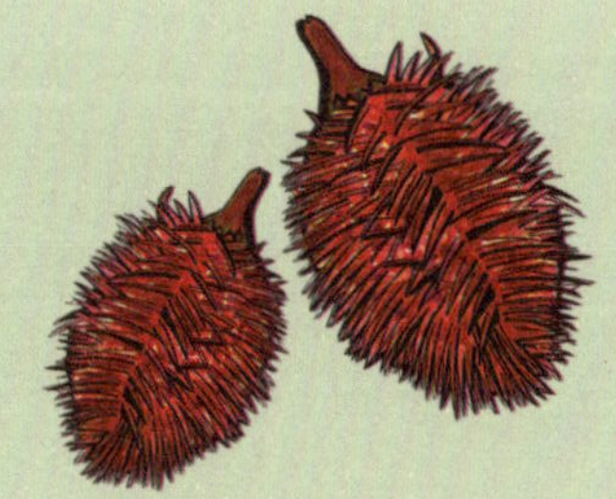

URUCUM
Bixa orellana

Floresta na Boca

Tasting the Forest

Bel Coelho

Instituto Arapyaú *Arapyaú Institute*

RENATA PIAZZON
diretora-geral • *General Director*

Cacau, açaí, cupuaçu, taperebá, milho crioulo. Mandioca, tucupi, carimã. Mel de jandaíra, cubiu, puxuri. Um prato feito com ingredientes da Amazônia, cultivados por comunidades locais, com saberes coletivos, não é apenas alimento. É também conservação de biodiversidade, aumento da resiliência às mudanças do clima e formas de permanência nos territórios.

Trazer para a mesa a cultura alimentar dos biomas brasileiros, frutos da agricultura familiar, é uma oportunidade de fortalecer sistemas agroflorestais que conservam nossas florestas ao mesmo tempo que garantem soberania alimentar. É uma forma também de criar e estimular cadeias produtivas, capazes de incluir povos originários, ribeirinhos e quilombolas. Ao apoiar o projeto deste livro, o Instituto Arapyaú reforça a sua crença de que uma agenda de conservação e regeneração da natureza só é possível se integrar pessoas, economia e clima.

Desde a sua criação, o instituto fomenta o cacau no sul da Bahia — e, mais recentemente, na Amazônia — porque entende o poder dessa cultura para desenvolvimento do território, geração de prosperidade partilhada, conservação dos biomas e fortalecimento da identidade cultural. No ano passado, o Arapyaú aumentou sua aposta em sistemas alimentares, ao iniciar o mapeamento de ingredientes amazônicos como parte de uma iniciativa que quer promover a diversidade socioambiental, fortalecer cadeias produtivas e criar escala na bioindústria de alimentos.

A cultura alimentar brasileira precisa ser entendida como aliada do meio ambiente, e o trabalho da chef Bel Coelho é prova de que a gastronomia pode cumprir um papel importante para revelar essa conexão. As histórias e as receitas deste livro convidam o leitor a perceber o alimento como um elo tangível entre o cotidiano e a urgência de repensarmos nosso modelo de desenvolvimento. É nesse gesto simples, e também político, que a comida se firma como um caminho potente, e prazeroso, para a transformação.

Cacao, açai, cupuaçu, taperebá, *heirloom corn. Cassava,* tucupi, carimã. Jandaíra *honey,* cubiu, puxuri. *A dish crafted with Amazonian ingredients, cultivated by local communities through generations of collective knowledge, is more than just food. It is an act of conserving biodiversity, a boost to climate change resilience, and a way for communities to remain rooted in their territories.*

Bringing the food culture of Brazil's biomes to the table, the result of family farming structures, offers a powerful opportunity to strengthen agroforestry systems that protect our forests while ensuring food sovereignty. It's also a means to foster inclusive value chains that uplift Indigenous peoples, river communities, and quilombolas. *By supporting this book project, Arapyaú Institute reaffirms its belief that any conservation and regeneration agenda must integrate people, the economy, and the climate.*

Since its founding, the Institute has championed cacao farming in southern Bahia —and more recently, in the Amazon— recognizing the crop's potential to drive territorial development, create shared prosperity, conserve biomes, and strengthen cultural identities. Last year, Arapyaú deepened its commitment to food systems by launching a mapping initiative for Amazonian ingredients, part of a broader effort to promote socio-environmental diversity, strengthen supply chains, and scale the bio-based food industry.

Brazil's rich food culture must be seen as an ally of the environment, and chef Bel Coelho's work is living proof that gastronomy can be a powerful tool in revealing this connection. The stories and recipes in this book invite readers to see food as a tangible link between everyday life and the urgent need to rethink our development models. In this simple yet deeply political act, food becomes a powerful yet joyful path to transformation.

Sumário *Contents*

Prefácio
Verdes sabores

MARINA SILVA
Ministra do Meio Ambiente e Mudança do Clima do Brasil

A floresta me alimentou até os 16 anos e ainda guardo uma forte e emocionada lembrança da cozinha de minha família no seringal, não apenas nos momentos de maior movimento em que estávamos todos reunidos, mas também no silêncio da madrugada, quando ouvia o crepitar dos gravetos levantando as primeiras chamas no fogareiro de barro para passar o café antes de meu pai sair para cortar seringa. Depois fui morar na cidade e conheci outro tipo de alimentação e outras maneiras de reunir-se em torno do alimento. Mas ainda mantive um frequente contato com a floresta e, além do mais, as posses modestas e os hábitos alimentares das famílias pobres da periferia urbana mantinham e reproduziam o seringal tanto quanto possível.

A floresta é dadivosa e abundante em frutos. Alguns tornaram-se famosos, como a castanha, o açaí, o guaraná e o cacau; outros permanecem desconhecidos, ou quase. Pama, bacuri, tucumã, bacaba, patoá, jutaí, guariúba, abio, ... a lista é extensa e alguns sabores ficam escondidos no fundo da memória. Na panela passa o que se produz no roçado, pequena clareira aberta na mata para a agricultura de subsistência. Ali reina a mandioca, que no Acre chamamos de macaxeira, com a preciosa farinha nas refeições e as tapiocas e beijus para acompanhar o café. E o milho, pra se comer assado ou cozido e fazer pamonha, canjica, cuscuz — que conhecíamos simplesmente como "pão de milho" e molhado com o leite da castanha é indescritivelmente delicioso e muito nutritivo.

Eu poderia ficar muito tempo lembrando e preencher inumeráveis páginas com essas lembranças. E nisso não sou diferente de qualquer outra pessoa, entre os milhões de brasileiros e brasileiras de todas as regiões, apaixonados pela comida que tantas vezes parece exótica aos que chegam de longe, mas que representam, em cheiros e sabores, nossos afetos mais íntimos e familiares. Imagino que com toda gente, em toda parte, acontece parecido comigo: no cheiro da macaxeira cozida vejo meu tio, que viveu muitos anos entre os indígenas, e no gosto do milho assado ouço os versos de cordel que minha avó declamava.

Foreword
Green flavors

Brazilian Minister of Environment and Climate Change

The forest fed me until I was 16, and I still have powerful and emotional memories of my family's kitchen in the rubber plantation, not only at the busiest times when we were all gathered together, but also in the quiet of the early morning, when I used to listen to the crackling of the twigs making the first flames in the clay stove as we made coffee before my father went to tap the rubber trees. Then I left to live in the city and got to know other types of food and other ways of gathering around it. But I still frequently kept in touch with the forest and, in addition, the modest possessions and diet habits of poor families at the edges of the city kept and reproduced the rubber plantations as much as possible.

The forest is generous and the fruit is abundant. Some have become famous, such as the Brazil nut, açai, guarana, and cacao, while others are still almost unknown outside the region. Pama, bacuri, tucumã, bacaba, patoá, jutaí, guariúba, *abio, ... the list is long, and some flavors are hidden deep inside my memory. The pan receives what is cultivated in the* roçado, *a small clearing opened in the forest for the subsistence agriculture. There, cassava reigns, which we call* macaxeira *in the state of Acre, with the precious flour it produces used in the meals, tapiocas and the* beijus *that accompany a cup of coffee. And corn, which is eaten baked or boiled and used to make* pamonha, canjica, cuscuz *—which we knew simply as "corn bread" and, when moistened with nut milk, is indescribably delicious and very nutritious.*

I could spend a long time recalling those days, filling many pages with these memories. In this, I am no different from anyone else, from any one of the millions of Brazilian men and women of all places in the country who are passionate about the food, which often seems exotic to those who come from far away, but whose smells and flavors represent our most intimate and familiar affections. I imagine that something similar to what happens to me happens to everyone, everywhere: from the smell of cooked macaxeira, *I see my uncle, who lived for many years with the indigenous peoples, and in the taste of baked corn I hear verses of the* cordels *[locally printed illustrated stories] that my grandmother would declaim aloud.*

Por esses afetos é que podemos intuir, mesmo sem conhecimentos literários ou teóricos, que a comida não nos alimenta apenas fisicamente, mas também afetiva e simbolicamente. A ideia de quem somos, nossa história e cultura, os fios que teceram nossas vidas, laços sociais que queremos manter, o senso de pertencimento a um lugar e a um povo. Tudo isso vamos descobrindo, construindo, acumulando, junto com o alimento que cultivamos e consumimos. Mais ainda quando produzimos o nosso alimento em interação com o ambiente natural em que vivemos. Assim, não é contraditório que a memória da comida esteja também associada à de sua falta ou escassez, da dificuldade, da precariedade nas condições de vida, da exploração e opressão que vivem as comunidades de todos os sertões, inclusive o "sertão das águas" que é a Amazônia. A vida é dura e a comida está muito mais associada ao trabalho do que ao lazer. O açaí com farinha numa casa de ripa de açaí coberta com palha, na beira de um rio, é diferente do açaí cremoso na praça de alimentação de um shopping. Não se trata de estabelecer polaridades como bom e ruim, certo e errado, mas apenas compreender os muitos significados que surgem na relação do alimento com a vida, com as condições de vida em diferentes lugares, em sociedades complexas, no caminho entre a produção e o consumo.

Quando me engajei na luta socioambiental, ao lado de Chico Mendes e outras lideranças dos povos da floresta, percebi que essa relação entre a comida e a identidade era íntima e formadora dos laços sociais e culturais em todas as comunidades e, mais ainda, entre os indígenas. E vi que as comunidades mais protegidas não passavam fome nem privações, a não ser em eventuais episódios de migração ou epidemias.

No registro sensível da chef e escritora Bel Coelho e da equipe que a acompanhou, reencontrei os afetos mais íntimos e familiares que conheci em minha família e em tantas comunidades que vivem na floresta. O recorte proporcionado pelo roteiro de sua viagem pode dar apenas uma pequena mostra da imensidão natural e cultural que é a Amazônia, mas é representativa o suficiente para mos-

It is through these affections that we can have an intuitive understanding, even without any literary or theoretical knowledge, that food does not just nurture us physically, but also emotionally and symbolically. The idea of who we are, our history and culture, the threads that weaved through our lives, the social ties that we want to keep, the sense of belonging to a place, to a people. All of this we keep discovering, building, and accumulating, together with the food that we cultivate and consume. And this is even greater when we produce our food in harmony with the natural environment we live in. So, it is not contradictory that our food memory is also associated with its shortage, or the lack of it, with the difficulty and precarity in life conditions, with the exploitation and oppression in which all communities of all regions live, be they in the sertão, *the hinterlands of Brazil, or the "hinterlands of the waters" that is Amazonia. Life is hard and food is much more associated with work than with leisure. Açai with cassava flour eaten in a wooden shack with a straw roof by the banks of a river is very different from the creamy açai served in the food court of an urban shopping mall. It is not about establishing polarities between "good and bad", "right and wrong," but just understanding the many meanings that come from the relationship between food and life, with the living conditions experienced in different places, in complex societies, on the path between production and consumption.*

When I became committed to the socio-environmental struggle, along with Chico Mendes and other leaders of the forest peoples, I realized that this relationship between food and identity was intimate and established the social and cultural ties that bind all communities and, even more so, among the indigenous peoples. And I saw that the most protected communities did not suffer from hunger or deprivation, except eventually while migrating or experiencing epidemics.

In the sensitive record by chef and writer Bel Coelho and her team, I rediscovered the most intimate and familiar affections I experienced by my family and by so many communities that dwell in the forest. The recollections of their trip itinerary can give only a little snapshot of the natural and cultural immensity that is Amazonia, but is representative enough to show that food is resistance, affirmation, love

trar que alimentação é resistência, afirmação, amor e luta, partilha de identidades que se atravessam e se visitam.

As receitas colhidas nas comunidades do Pará misturam ingredientes físicos e simbólicos de toda a Amazônia: frutos, legumes, temperos, histórias, memórias, linguagens. Claro fica o duplo sentido do verbo saber.

A compreensão de que o meio ambiente e a cultura são as bases da vida e da saúde dos povos se amplia muito lentamente. Ainda prevalece, especialmente nos setores sociais que têm algum poder econômico e político, uma ideia de progresso como produção e prosperidade como consumo. O desejo de posse ainda domina, acima do senso de pertencimento. O poder do Ter ainda limita o potencial do Ser. E o mais perigoso: estamos mais próximos do ponto de não retorno na devastação dos biomas que do Ponto de Mutação em que uma nova sociedade sustentável supera a velha civilização em crise terminal. O tempo para a evolução esgota-se rapidamente e os eventos extremos das mudanças climáticas fazem soar os alarmes da emergência. Mas cada vez que uma comunidade se reúne para celebrar seus saberes ancestrais e os transforma em sustento para a vida, ganhamos mais força para persistir.

Afinal, o alimento mais forte que temos é a esperança sustentada por nossa impressionante capacidade de colocar em jogo nossa incrível tenacidade em acreditar criando as coisas em que acreditamos. ❦

and struggle, as well as the sharing of identities that meet and visit each other.

The recipes collected from the communities in Pará mix both physical and symbolic ingredients from throughout Amazonia: fruits, vegetables, spices, stories, memories, languages. It is clear the double meaning of the verb "to know."

An understanding that the environment and culture are the foundation of peoples' lives and health is expanding very slowly. The idea that progress is production and prosperity in the pursuit of consumption still prevails, especially in those parts of society that have some economic and political power. The desire for possession still dominates, above the sense of belonging. The power of Having still limits the potential of Being. And, most dangerous of all: we are closer to the point of no return in the devastation of biomes than to the Turning Point, in which a new sustainable society overcomes the old civilization in terminal crisis. The time left for evolution ends very quickly and extreme events linked to climate change are sounding the emergency alarm. But every time a community gathers to celebrate its ancestral knowledge and transforms it into sustenance for life, we gain more strength to persist.

After all, the strongest food we have is our hope supported by our impressive ability to put into play our incredible tenacity in believing, creating the things we believe in. ❦

Apresentação

Overview

BEL COELHO

O Brasil, país de dimensões continentais, é composto por seis grandes biomas: Amazônia, Caatinga, Cerrado, Mata Atlântica, Pampa e Pantanal. Cada um deles abriga não apenas uma impressionante diversidade biológica, mas sistemas alimentares únicos, moldados por saberes ancestrais e práticas tradicionais. Parte importante dessa riqueza está em processo forçado de desaparecimento. O avanço do desmatamento, das monoculturas extensivas, da mineração ilegal e da grilagem tem causado, além da perda de florestas, a extinção silenciosa de modos de vida e tecnologias sociais de cuidado com a terra. Nenhuma novidade, infelizmente.

Um bioma é uma grande unidade ecológica composta por ecossistemas interligados, que compartilham clima, tipo de solo, fauna e flora predominantes. São sistemas vivos que moldam e sustentam a forma como as comunidades se relacionam com o ambiente. Pegue-se como exemplo a Bahia: nesse único estado coexistem a Mata Atlântica, o Cerrado, a Caatinga e zonas litorâneas. Somadas às influências culturais e históricas da região, essas características conferem ao estado — e ao Brasil como um todo — uma impressionante diversidade biológica e uma riquíssima cultura alimentar.

Há quase trinta anos, cultivo um interesse profundo por essa multiplicidade cultural e alimentar brasileira. Esse encantamento, que começou como curiosidade sem muito método, foi se desdobrando em necessidade de escuta, de pesquisa sistemática, de reconexão afetiva. Ao longo de todo esse tempo, compreendi que não basta conhecer os ingredientes que compõem os pratos tradicionais brasileiros — é preciso entender a geografia, a origem e a teia de relações que os produzem. Cada fruto, cada raiz, cada semente traz em si uma história, uma ecologia, uma resistência

Segundo o Relatório da Plataforma Intergovernamental sobre Biodiversidade e Serviços Ecossistêmicos (IPBES, 2019), cerca de 1 milhão de espécies estão ameaçadas de extinção no mundo. A Organização das Nações Unidas para a Alimentação e a Agricultura (FAO) alerta que a erosão da biodiversidade compromete diretamen-

Brazil, a country of continental dimensions, is composed of six major biomes: the Amazon Rainforest, the Caatinga semi-arid lands, the Cerrado savannah, the Mata Atlântica [Atlantic Forest], the Pampas temperate grassland plains, and the Pantanal tropical wetlands. Each of them hosts not only an impressive biological diversity, but unique food systems, shaped by ancient knowledge and traditional practices. An important part of this wealth is under threat of disappearing through force. The advance of deforestation, extensive monoculture, illegal mining and land grabs have caused forest loss and also the silent extinction of ways of living and social land-care technologies. This is not news, unfortunately.

A biome is a large ecological unit composed of interconnected ecosystems, which share predominant climate, soil type, and flora and fauna. They are living systems that shape and support the way communities relate to the environment. Take Bahia as an example: in this state alone, the Atlantic Forest, Cerrado, Caatinga and coastal areas coexist. Together with the cultural and historical influences of the region, these characteristics give the state —and Brazil as a whole— an impressive biological diversity and an extremely rich food culture.

For almost thirty years, I have had a deep interest in this Brazilian cultural and food multiplicity. This enchantment, which began as curiosity without much method to it, developed into a need for listening, systematic research and affective reconnection. Over all this time, I understood that it is not enough to know the ingredients of traditional Brazilian dishes —one must understand the geography, the origins and the web of relationships that produce them. Every fruit, every root, every seed brings with it a story, an ecology, a resistance.

According to the Intergovernmental Science-Policy Platform on Biodiversity and Ecosystem Services (IPBES, 2019), about 1 million species are threatened with extinction in the world. The United Nations' Food and Agricultural Organization (FAO) warns that erosion of biodiversity directly undermines food security and the resilience of production systems in the face of climate change (FAO, 2019).

te a segurança alimentar e a resiliência dos sistemas de produção diante das mudanças climáticas (FAO, 2019).

Nossa cultura alimentar — diversa, viva e adaptável — resiste onde ainda há floresta, água limpa, território e autonomia. Ela sobrevive e floresce nas mãos dos povos indígenas, quilombolas, ribeirinhos, extrativistas, agricultores familiares, das mulheres que guardam sementes, das cozinheiras que transformam saberes em receitas deliciosas. Essas guardiãs (e guardiões) produzem, além de sua própria subsistência, comidas de altíssimo valor nutricional e sensorial, com práticas de baixo impacto ambiental e imenso valor ecológico. Fazem isso em interação integral com os ciclos naturais: manejam os plantios garantindo que a terra continue fértil e a água continue limpa.

Essas comunidades mantêm em pé sistemas agrícolas complexos, como os quintais agroflorestais, os roçados itinerantes, os sistemas agroextrativistas — exemplos concretos de agroecologia, e que a ciência reconhece como modelos viáveis e necessários para um futuro sustentável (Altieri, 2009; Gliessman, 2014).

O Cerrado se desertifica com os maiores índices de desmatamento do país. A Caatinga se ressente em meio ao esquecimento e à não valorização de suas riquezas naturais e culturais. A Amazônia sangra a cada quilômetro quadrado desmatado. O Pantanal arde com descaso e incêndios criminosos durante as secas severas intensificadas pela radicalidade das mudanças climáticas. Entre cinzas e ameaças, ainda assim, brotam e rebrotam feiras de sementes crioulas, casas de farinha, mutirões de plantio, viveiros comunitários, redes de trocas e de resistência. Aprendemos com essas atividades coletivas que a comida de verdade nasce das relações — com o solo, com o clima, com as pessoas, com o tempo.

Anos atrás, depois de uma conversa com o biólogo José Mariano Amabis, passei a olhar para os biomas como a chave para compreender os territórios do Brasil. Não é a divisão geopolítica que explica o que comemos, e sim a geografia viva. Essa abordagem nos permite entender que não existe "uma" culinária brasileira — mas

Our diverse, living and adaptable food culture resists where the forest still stands and there is clean water, territory, and autonomy. It survives and flourishes in the hands of indigenous peoples, quilombola [*descendant of unslaved people who fled and took refuge in fortified settlements known as* quilombos] *communities, riverine populations,* extractivists [*rural workers that extract fruit and other foodstuffs from the surrounding forest*], *family farmers, women who keep the seeds, cooks that transform knowledge into delicious recipes. As well as ensuring their own sustenance, these guardians —women and men alike— produce foods of very high nutritional and sensory value, using practices with minimal environmental impact and immense ecological benefits. They do this while interacting fully with the cycles of nature: they manage the plantations, ensuring that the land remains fertile and the water remains clean.*

These communities maintain complex agricultural systems, such as the agroforestry yards, the itinerant plantations, the agroextractivist *systems —these are concrete examples of agroecology, and which science recognizes as viable and necessary models for a sustainable future* (*Altieri, 2009; Gliessman, 2014*).

The Cerrado is becoming a desert, with the highest rates of deforestation in the country. The Caatinga suffers from being forgotten, its natural and cultural riches undervalued. Amazonia bleeds with every square kilometer deforested. The Pantanal burns from neglect and arson during severe droughts intensified by drastic climate change. And yet, among the ashes and threats, street markets devoted to the sale of native seeds sprout and re-sprout, along with flour houses, collective planting, community plant nurseries, networks for exchange and resistance. We learn from these collective activities that real food is born of relationships —with the soil, with the climate, with people, with time.

Many years ago, after a conversation with biologist José Mariano Amabis, I started to see that the biomes are the key to understanding the territories of Brazil. It is not the geopolitical divisions of the land that explain what we eat, but the living geography. This approach allows us to understand that there is no "single" Brazilian cuisine, but multiple food cul-

sim múltiplas culturas alimentares que emergem da interação entre pessoas e paisagens, práticas e ecossistemas. É nessa complexidade que encontro inspiração. Acredito que nela mora o futuro da nossa cozinha. Uma cozinha que produz, no sentido mais pleno e original da palavra: que conduz à frente, que traz à luz.

Este livro nasce desse entendimento. É um convite à escuta, ao reconhecimento e à valorização dos saberes que sustentam nossa biodiversidade e nossa soberania alimentar. Não trabalho para idealizar o passado, e sim para semear um futuro próspero do ponto de vista socioambiental e viável para os nossos filhos e netos. Porque acredito que, enquanto houver floresta em pé, peixe no rio, semente no chão e panela no fogo — há caminho.

A elaboração deste livro contou com a colaboração generosa de uma equipe multidisciplinar e, sobretudo, com os ensinamentos colhidos ao longo de uma expedição realizada no início de 2025 pelo estado do Pará. Visitamos casas onde a mandioca é rainha e a farinha tem nome e sobrenome; ouvimos histórias bordadas com tucupi e pimenta, temperadas com a fumaça boa do fogão a lenha; caminhamos entre igarapés e castanhais.

A abundância não está nas gôndolas dos supermercados. Está nas matas, nas águas, nas mãos que cultivam e transformam. Está nos pratos que celebram o coletivo. Está nos sistemas que regeneram, e não nos que exaurem. Está nos povos que permanecem. ❦

tures that emerge from the interaction between people and landscapes, practices and ecosystems. It is in this complexity that I find inspiration. I believe it is where the future of our kitchen lies. A kitchen that produces, in the fullest and original sense of the word: that leads forward, that brings light.

This book is born of this understanding. It is an invitation to listen, to recognize and to appreciate the knowledge that underpins our biodiversity and our food sovereignty. I do not work to idealize the past, but to sow the seeds of a prosperous socio-environmental future, and a viable one for our children and grandchildren. Because I believe that as long as there is forest standing, that there are fish in the river, seeds on the ground, and a pot on the fire —there is a way ahead.

The preparation of this book was supported by the generous collaboration of a multidisciplinary team and, above all, by the lessons learned during an expedition through the state of Pará in early 2025. We visited houses where cassava is queen and flour has a first and last name; we heard stories embroidered with tucupi *[cassava root sauce] and pepper, seasoned with the good smoke of the wood stove; we walked between* igarapés *[water course that runs inside the forest] and* castanhais *[Brazil nut tree groves].*

Abundance is not to be found in the gondolas of supermarkets. It is in the woods, in the waters, in the hands that grow and transform. It is in the dishes that celebrate the collective. It is in the systems that regenerate, not those that exhaust. It is in the people who remain. ❦

Introdução

Introduction

JERÔNIMO VILLAS-BÔAS
ecólogo e ambientalista, cofundador da Reenvolver
ecologist and environmentalist, co-founder of Reenvolver

Poucos lugares do planeta têm tanta projeção, mas reúnem tanto desconhecimento, quanto a Amazônia. No mapa, aquela grande área verde inspira curiosidade e fascínio. Durante séculos, ela foi uma referência de estado selvagem, à espera de ser explorada ou domada. Ou, mais recentemente, o "pulmão do mundo", um símbolo abstrato de valor ambiental global. Essa construção imaginária, embora envolta em reverência, negligencia algo nada desimportante: existem pessoas na Amazônia. Gente que vive, planta, cozinha, empreende, transforma e resguarda, há muito tempo, a grande virtude da maior floresta tropical do planeta: sua biodiversidade.

No momento em que o Brasil se prepara para receber a 30ª Conferência da ONU sobre Mudanças Climáticas, a COP30, em Belém (PA), nada mais oportuno do que revisarmos esse imaginário. A Amazônia é, antes de tudo, um território habitado. Um espaço onde vivem dezenas de milhões de pessoas, incluindo populações indígenas, ribeirinhas, quilombolas, extrativistas e também moradores de grandes centros urbanos como Belém, Manaus, Porto Velho, Macapá e Rio Branco. Sociedades que desempenham papel central na produção, transformação e conservação do bioma amazônico, especialmente por meio de seus sistemas alimentares.

Os sistemas alimentares são o ponto de partida para a concepção deste livro. A convite da chef Bel Coelho, fui encarregado de propor uma rota por territórios que expressassem, por meio dos alimentos, a riqueza ecológica e sociocultural da Amazônia. Para isso foi necessário fazer escolhas. A Amazônia é imensa. O bioma se estende por cerca de 6,7 milhões de km², distribuídos por nove países; abriga a maior bacia hidrográfica do planeta e, estima-se, cerca de 10% de todas as espécies conhecidas, entre plantas, animais, fungos e microrganismos. No Brasil, ocupa aproximadamente 50% do território. Já a chamada Amazônia Legal, definida por critérios políticos e administrativos, compreende nove estados e inclui não apenas áreas de floresta tropical úmida, mas também porções do Cerrado e do Pantanal.

Few places on the planet are as prominent, yet so unknown, as the Amazon. On the map, that large green area inspires curiosity and fascination. For centuries, it has been a reference to wildness, just waiting to be explored or tamed. Or, more recently, the "lung of the world," an abstract symbol of global environmental value. This imaginary construction, although shrouded in reverence, neglects something not unimportant: there are people in Amazonia. People who have been, for many years, living, planting, cooking, doing business, transforming and safekeeping the greatest virtue of the largest tropical forest on the planet: its biodiversity.

As Brazil prepares to host the 30th UN Climate Change Conference, COP 30, in Belém, Pará, there can be no more opportune moment for us than to review this imaginary. Amazonia is, above all, an inhabited land. A space where tens of millions of people live, including indigenous, riverine, quilombola, *and* extractivist *populations, and also those who live in large urban centers such as Belém, Manaus, Porto Velho, Macapá, and Rio Branco. Societies that play a central role in the production, transformation and conservation of the Amazon biome, especially through its food systems.*

Food systems are the starting point for the concept behind this book. At the invitation of chef Bel Coelho, I was given the task of suggesting a route through territories that expressed the ecological, social and cultural richness of Amazonia through food. To do this, it was necessary to make choices. Amazonia is immense. The biome extends to about 6.7 million km², distributed across nine countries; it houses the largest drainage basin on the planet and an estimated 10% of all known species, including plants, animals, fungi, and microorganisms. It occupies approximately 50% of the territory of Brazil. The so-called Legal Amazonia, defined by political and administrative criteria, comprises nine states and includes not only tropical rainforest areas, but also parts of the Cerrado and Pantanal biomes.

More than a region of biological abundance, Amazonia is also a climate structure. The Amazon Rainforest is a key element in the thermal and water balance of the continent:

Mais do que um território de abundância biológica, a Amazônia é também uma estrutura climática. A floresta amazônica é peça-chave no equilíbrio térmico e hídrico do continente: suas árvores liberam bilhões de litros de vapor d'água por dia, alimentando os chamados "rios voadores", massas úmidas que se deslocam pelos céus da América do Sul e influenciam diretamente o regime de chuvas em regiões distantes, como o Centro-Oeste, o Sudeste e até o Sul do Brasil.

Dentro desse vasto conjunto — e assumindo o risco calculado de cometer uma injustiça na missão pretensiosa de definir um roteiro representativo — escolhemos o Pará como recorte. Por sua diversidade ecológica, já que, entre florestas densas, rios imensos, campos alagáveis, o oceano Atlântico e manguezais, o estado abriga uma variedade impressionante de paisagens. Por sua estrutura logística, já que grandes cidades estão conectadas por voos comerciais. E por abrigar experiências potentes de organização comunitária e bioeconomia.

No trajeto entre Altamira, Belém e Santarém, visitamos comunidades que trabalham com quatro ingredientes emblemáticos da região: açaí, cacau, castanha-do-brasil e mandioca. Esses ingredientes são amplamente conhecidos fora da Amazônia e, por isso mesmo, foram escolhidos para evidenciar contrastes e provocar reflexões.

Vejamos o caso do açaí. Muito mais que uma fruta, ele é base da cultura alimentar amazônica, presença cotidiana nas casas, onde é consumido com farinha, peixe ou camarão. Essencial para a saúde e a subsistência das populações locais, tornou-se, nas últimas décadas, símbolo de um exotismo exportável — da Amazônia para o mundo — embalado pela indústria como superalimento e ícone do que se convencionou denominar "desenvolvimento sustentável". No Brasil, virou também produto de massa, servido como sobremesa turbinada com aditivos e ultraprocessados, cada vez mais distante da polpa espessa, untuosa e energética da versão tradicional.

O boom do açaí vem transformando paisagens e relações sociais; açaizais antes mesclados em seus ecos-

its trees release billions of liters of water vapor every day, feeding the so-called "flying rivers," which are humid masses that move through the skies of South America and directly influence the rainfall patterns in distant regions, such as the Midwest, Southeast, and even the South of Brazil.

Within this vast set of options –and assuming the calculated risk of committing an injustice in our pretentious mission to define a representative travel plan– we selected Pará. For its ecological diversity, since, among its dense forests, immense rivers, wetlands, the Atlantic ocean and mangrove swamps, the state includes an impressive variety of landscapes. For its logistics, since the large cities are connected by commercial flights. And for offering powerful experiences of community organization and bioeconomics.

As we traveled between Altamira, Belém and Santarém, we visited communities that work with four of the ingredients that are emblematic of the region: açai, cacao, Brazil nut, and cassava. These ingredients are widely known outside the Amazon and, therefore, were chosen to highlight contrasts and encourage reflections.

Let us look at the case of açai. Much more than a fruit, it is the basis of the Amazonian food culture, being an everyday presence in homes, where it is consumed with cassava flour, fish or shrimp. Essential for the health and livelihood of local populations, over the last few decades it has become a symbol of exportable exoticism –from the Amazon to the world–, packed and marketed by the food industry as a superfood and icon of what is now generally called "sustainable development." In Brazil, it has also become a mass product, served as an improved dessert with additives and ultra-processed products, increasingly distant from the thick, unctuous and energetic pulp of the traditional version.

The açai boom has been transforming landscapes and social relations; açai plantations, which used to be intermingled with their diverse ecosystems, have been transformed into monoculture; extractivism *gradually begins to give way to intensive cultivation; and riverine communities, when they can get it, have started to pay for what they used to produce for their own use before. The "açaization"*

sistemas diversos têm sido transformados em monocultivos; o extrativismo, gradativamente, começa a dar lugar ao cultivo intensivo; e comunidades ribeirinhas passaram a comprar – quando conseguem – o alimento que antes produziam. A "açaização" da Amazônia ameaça não só a biodiversidade, mas também a soberania alimentar e a continuidade de um saber ancestral que, sob o peso da mercantilização, já não cabe na cuia.

O cacau, tão associado ao chocolate europeu, é nativo da Amazônia. Hoje, surpreendentemente, é o Pará, e não a Bahia, o maior produtor brasileiro. A castanha-do-brasil, por sua vez, envolve sistemas complexos de manejo e comercialização, revelando uma cadeia de valor que combina conhecimento tradicional e organização coletiva. Já a mandioca é o esteio da cultura alimentar amazônica, matéria-prima da farinha, da goma, da maniva e do tucupi. Mas, além de nutrir, em torno dela se reúnem famílias, se contam histórias, se fazem festas e se constroem identidades.

Mesmo que guiados pela projeção desses produtos emblemáticos, tivemos como objetivo de nossa expedição observar e vivenciar os sistemas alimentares como um todo: as roças com suas variedades; os pomares e quintais interagindo com sistemas agroflorestais biodiversos; os rios que fornecem peixes, mas também transporte. E, sobretudo, mergulhar nas cozinhas e nas técnicas de preparo.

Em Santa Izabel do Pará, testemunhamos como a mandioca ocupa lugar central na organização social do Quilombo Espírito Santo do Itá. Nessa pequena comunidade, onde vivem aproximadamente cinquenta famílias, existem seis retiros – ou casas – de farinha, utilizados coletivamente para a produção dos derivados da raiz.

Em Abaetetuba, no Baixo Tocantins, conhecemos o trabalho da Cofruta (Cooperativa de Fruticultores de Abaetetuba) com o açaí. A partir do manejo das palmeiras em seu ecossistema nativo – as matas de várzea –, famílias ribeirinhas gerenciam um sistema produtivo biodiverso, de baixo impacto ambiental e comprometido com o consumo local de uma polpa de qualidade.

of Amazonia threatens not only biodiversity, but also food sovereignty and the continuity of an ancestral knowledge that, under the weight of commodification, no longer fits in the bowl.

Cacao, so associated with European chocolate, is native to Amazonia. Today, surprisingly, Pará, and not Bahia, is the largest Brazilian producer. The Brazil nut, in turn, involves complex systems of management and commercialization, revealing a value chain that combines traditional knowledge with collective organization. As for cassava, it is the mainstay of Amazonian food culture, being the raw material of flour, tapioca gum, maniva, *and* tucupi. *More than nourishing, it brings families together to tell stories, to party and to build identities.*

Although guided by the visibility of these emblematic products, our expedition aimed to observe and experience the food systems as a whole: the family farms with their variety of crops; the orchards and yards interacting with biodiverse agroforestry systems; the rivers that provide fish, but also transport. And, above all, it aimed to dive into the kitchens and preparation techniques.

In Santa Izabel do Pará, we witnessed how cassava occupies a central place in the social organization of the Quilombo Espírito Santo do Itá. In this small community, of about fifty families, there are six shared casas de farinha *[flour houses], used to collectively produce derivatives of this root.*

In Abaetetuba, in the Baixo Tocantins, we learned about the work of Cofruta (Abaetetuba Fruit Growers Cooperative) with açai. From the management of the açai palms in their native ecosystem –the floodplain forests–, riverine families run a biodiverse productive system, with low environmental impact and committed to the local consumption of a high-quality pulp.

In Santarém, with the support of Acosper (Cooperative of Agroextractivist Workers of the West of Pará) and the Projeto Saúde e Alegria (Health and Happiness Project), we learned about more examples of entrepreneurship led by traditional populations. In the São Francisco community, on the banks of the Arapiuns River, riverine families develop

Em Santarém, com apoio da Acosper (Cooperativa dos Trabalhadores Agroextrativistas do Oeste do Pará) e do Projeto Saúde e Alegria, conhecemos mais exemplos de empreendedorismo protagonizado por populações tradicionais. Na Comunidade São Francisco, às margens do rio Arapiuns, famílias ribeirinhas desenvolvem práticas agroflorestais associadas ao manejo de abelhas nativas sem ferrão. Essas atividades são articuladas no Ecocentro, espaço gerenciado pela Acosper que concentra uma unidade de beneficiamento de produtos das abelhas, uma agroindústria para a extração de óleos vegetais — como os da andiroba e da copaíba — e um espaço voltado ao processamento de polpas de frutas. Trata-se de uma estrutura integrada que promove geração de renda com base na valorização dos recursos naturais locais e na diversificação produtiva.

A partir de Altamira, subimos o rio Iriri até a Comunidade Rio Novo para ver de perto o manejo da castanha-do-brasil. Testemunhamos ao vivo a consternação dos moradores com um ano em que a floresta "não deu" castanhas, resultado da seca implacável de 2024 e prelúdio do que está por vir — e já começou — com as mudanças climáticas. Ainda na região de Altamira, transitando pela Transamazônica, chegamos a Medicilândia, onde a Coopatrans (Cooperativa Agroindustrial da Transamazônica) tem um trabalho de referência com o cacau amazônico.

Todo o percurso nos permitiu olhar para a biodiversidade em sua forma mais ampla. O conceito, tal como usado hoje, nasceu nos anos 1980, em meio às discussões ambientais que culminaram na Convenção sobre Diversidade Biológica da ONU, criada durante a Eco-92, no Rio de Janeiro. A conservação da biodiversidade, entendida como o conjunto de formas de vida do planeta — genes, espécies, ecossistemas —, tornou-se um imperativo global.

É importante destacar, também, que a biodiversidade não se restringe ao mundo "natural". Ela é resultado de uma construção social e cultural. Povos indígenas, quilombolas, ribeirinhos, agricultores e extrativistas vêm, há

agroforestry practices associated with the management of native stingless bees. These activities are articulated in Ecocentro, a space managed by Acosper that brings together under one roof a place to process bee products, an agroindustry to extract vegetable oils such as those of andiroba *and* copaíba, *and an area for the processing of fruit pulps. Its integrated structure promotes income generation based on adding value to local natural resources and diversifying the range of products.*

From Altamira, we traveled up the Iriri River to the Rio Novo community to see up close the management of Brazil nuts. We witnessed the consternation of residents in a year in which the forest "did not give" nuts, a result of the relentless drought of 2024 and a prelude to what is to come —and has already begun— with climate change. Still in the Altamira region, passing along the Trans-Amazonian Highway, we arrived in Medicilândia, where Coopatrans (Trans-Amazonian Agroindustrial Cooperative) has a respected project for Amazonian cocoa production.

Throughout the journey we were able to see the biodiversity in a broader way. The concept, as used today, was born in the 1980s, amid environmental discussions that culminated in the UN Convention on Biological Diversity, drafted during Eco-92 in Rio de Janeiro. The conservation of biodiversity, understood as the set of the planet's life forms —genes, species, ecosystems—, has become a global imperative.

It is also important to emphasize that biodiversity is not restricted to the "natural" world. It is the result of a social and cultural construction. Indigenous peoples, quilombolas, *riverine peoples, farmers and* extractivists *have been selecting seeds, domesticating species, managing forests and shaping landscapes for generations. Thus, socio-biodiversity was defined, a concept that attributes to the human species an inseparable role in nature.*

Research by archaeologist Eduardo Góes Neves, from the University of São Paulo, confirms that far from being untouched, Amazonia is, to a great extent, an anthropic forest, created by peoples who developed sophisticated techniques for the domestication of plants, soil fertilization,

gerações, selecionando sementes, domesticando espécies, manejando florestas e moldando paisagens. Definiu-se, assim, a sociobiodiversidade, um conceito que atribui à espécie humana um papel indissociável da natureza.

As investigações do arqueólogo Eduardo Góes Neves, da Universidade de São Paulo, confirmam que longe de ser intocada, a Amazônia é, em grande parte, uma floresta antrópica, construída por povos que desenvolveram técnicas sofisticadas de domesticação de plantas, fertilização de solos e controle das águas. Neves aponta que, desde muito antes da chegada dos europeus ao Brasil, povos amazônicos viviam em densas redes de aldeias, praticavam agricultura em larga escala e manejavam recursos florestais com intencionalidade, o que resultou em marcas profundas no solo e na biodiversidade regional.

Com direito a uma belíssima licença poética, Eduardo Neves descreve a Amazônia como uma herança arqueológica comparável às pirâmides maias, incas ou egípcias. Só que, diferentemente destas, visíveis como monumentos de pedra, as sociedades indígenas amazônicas construíram sua monumentalidade camuflada na terra, nos rios, nos solos e nos sistemas de manejo da paisagem. Neves desafia, com isso, a narrativa colonial que ainda anuncia uma Amazônia intocada e demograficamente vazia. Segundo ele, o que temos ali é um patrimônio cultural e arqueológico vasto, dinâmico e sofisticado que por muito tempo foi invisibilizado por não seguir os parâmetros eurocêntricos do que seria uma "civilização".

À medida que o desmatamento, as queimadas e a mineração, entre outras atividades, põem em risco o maior monumento brasileiro, é urgente que a sociedade seja capaz de reconhecer o papel central que as comunidades tradicionais têm desempenhado para a conservação da Amazônia. São os povos indígenas, quilombolas, ribeirinhos, seringueiros, castanheiros, pescadores artesanais, agroextrativistas e agricultores familiares que protagonizam, na prática, a maior estratégia de conservação ambiental já empreendida no Brasil. Estamos falando de 50% da área da Amazônia brasileira protegida por algum

and water control. Neves points out that, long before the arrival of Europeans in Brazil, Amazonian peoples lived in dense networks of villages, practiced large-scale agriculture and managed forest resources with intent, which resulted in a significant impact on the soil and regional biodiversity.

With the right to a beautiful poetic license, Eduardo Neves describes the Amazon as an archaeological heritage comparable to the Mayan, Inca or Egyptian pyramids. However, unlike these, visible as stone monuments, indigenous Amazonian societies built their monumentality camouflaged in the land, rivers, soils, and landscape management systems. With this observation, Neves challenges the colonial narrative that still promotes a view of Amazonia as untouched and demographically empty. According to him, what we have there is a vast, dynamic and sophisticated cultural and archaeological heritage that for a long time was made invisible because it did not follow the Eurocentric parameters of what a "civilization" would be like.

As deforestation, burning and mining, among other activities, endanger the largest Brazilian monument, it is urgent that society is capable of recognizing the central role that traditional communities have played in the conservation of Amazonia. It is the indigenous peoples, quilombolas, *riverside dwellers, rubber tappers, Brazil nut collectors, artisanal fishermen,* agroextractivists *and family farmers who are at the forefront, in practice, of the largest environmental conservation strategy ever undertaken in Brazil. We are talking about 50% of the Brazilian Amazon area protected by some form of legal recognition, such as the Indigenous Lands or Conservation Units for Sustainable Use, such as Extractive Reserves and Sustainable Development Reserves. Together, these areas account for approximately 2.3 million km², almost the equivalent of the entire territory of Argentina or Mexico.*

These areas are maintained and managed by communities that not only conserve biodiversity, but create value from it. Food, oils, rubber and other goods —based on socio-biodiversity resources— are produced using social technolo-

tipo de reconhecimento legal, como Terras Indígenas ou Unidades de Conservação de Uso Sustentável, como é o caso das Reservas Extrativistas e das Reservas de Desenvolvimento Sustentável. Juntas, essas áreas somam aproximadamente 2,3 milhões de km², quase o tamanho de todo o território da Argentina ou do México.

Essas áreas são mantidas e manejadas por comunidades que não apenas conservam a biodiversidade, como criam valor a partir dela. A produção de alimentos, óleos, borracha e outros bens — com base em recursos da sociobiodiversidade — é realizada por meio de tecnologias sociais e modelos de governança territorial que mantêm os ecossistemas em pé. Estudos demonstram que essas áreas, sobretudo as Terras Indígenas, apresentam os menores índices de desmatamento e degradação florestal da Amazônia. Proteger suas populações e garantir seus modos de vida não é apenas um imperativo constitucional, é uma medida ambiental estratégica.

Este livro, conduzido pela sensível curiosidade da chef Bel Coelho, é um convite para olharmos para a Amazônia não como o "outro" distante, mas como parte essencial do que somos. Porque não há futuro sem floresta. E não há floresta sem gente. ❦

gies and territorial governance models that maintain the ecosystems alive. Studies show that these areas, especially indigenous lands, have the lowest rates of deforestation and forest degradation in Amazonia. Protecting its populations and securing their livelihoods is not just a constitutional imperative, it is a strategic environmental measure.

This book, led by the sensitive curiosity of chef Bel Coelho, is an invitation for us to look at Amazonia not as the distant "other," but as an essential part of what we are. Because there is no future without the forest. And there is no forest without people. ❦

Baixo

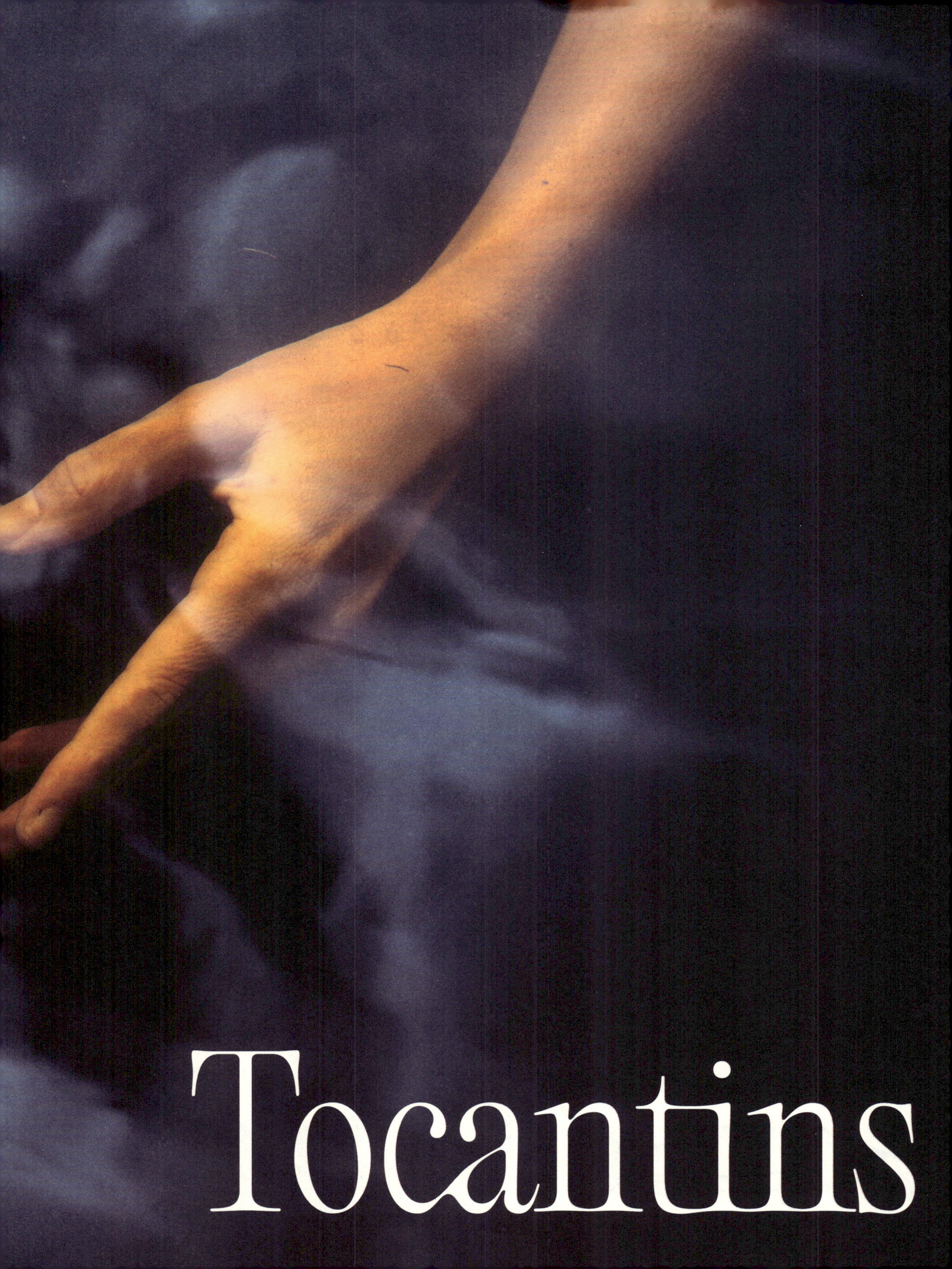
Tocantins

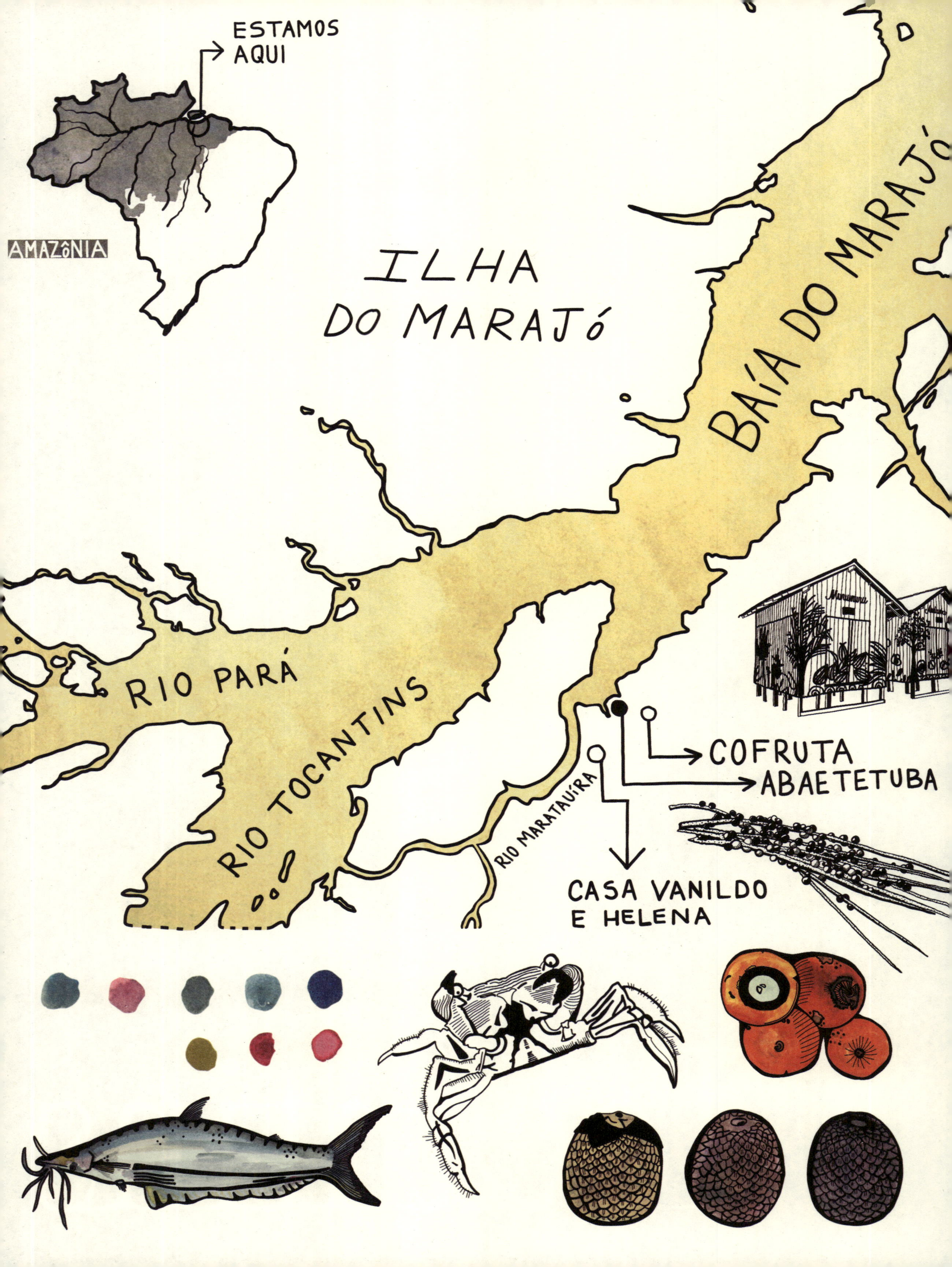
ESTAMOS AQUI
AMAZÔNIA
ILHA DO MARAJÓ
BAÍA DO MARAJÓ
RIO PARÁ
RIO TOCANTINS
RIO MARATAUÍRA
COFRUTA
ABAETETUBA
CASA VANILDO E HELENA

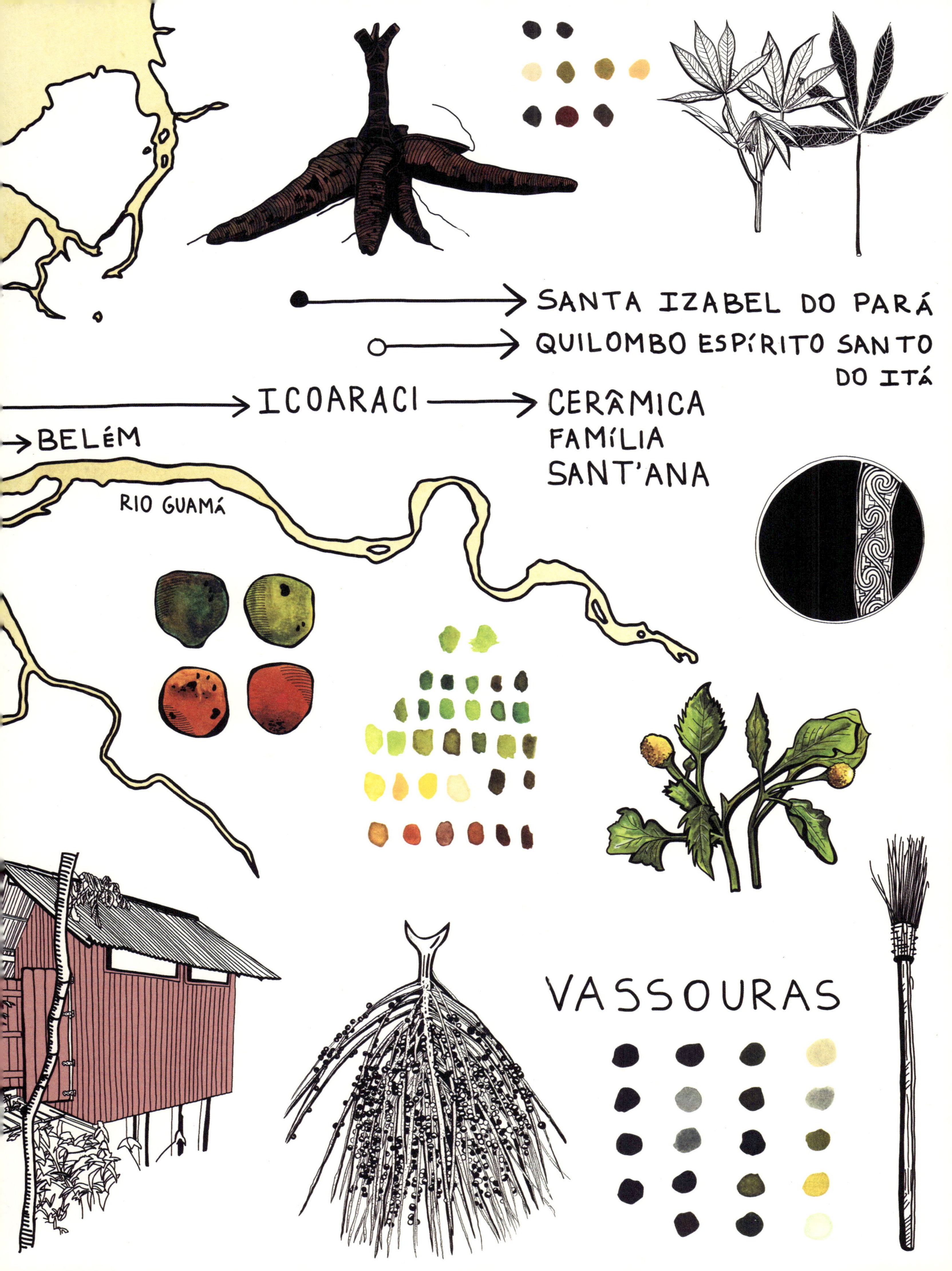
SANTA IZABEL DO PARÁ
QUILOMBO ESPÍRITO SANTO DO ITÁ
ICOARACI
CERÂMICA FAMÍLIA SANT'ANA
BELÉM
RIO GUAMÁ
VASSOURAS

Em sentido horário, ônibus escolar, cozimento do tucupi e cacho de pupunha em Espírito Santo do Itá, Santa Izabel do Pará.
Clockwise, school bus, cooking of tucupi, and bunch of pupunha in Espírito Santo do Itá, Santa Izabel do Pará.

A Amazônia tem sido considerada um importante centro de domesticação de plantas. Estudos de vestígios paleobotânicos apontam que no bioma, que abriga 25% da biodiversidade terrestre, foram domesticadas duas importantes espécies cultivadas atualmente na região: a mandioca e a pupunha. Como reforça o arqueólogo Eduardo Góes Neves, da Universidade de São Paulo (USP), não por acaso isso teria ocorrido numa área onde há claras evidências de ocupação humana contínua, mais especificamente na bacia do Alto Madeira e seus afluentes, onde fica Rondônia. A manipulação da paisagem, por meio da domesticação das espécies, contribuiu para a biodiversidade amazônica e foi determinante também para a constituição da dieta dos povos originários. Parte dessa cultura alimentar sobreviveu e chegou a nós sobretudo pela onipresença da mandioca, uma planta com incontáveis predicados.

A etnobotânica francesa Laure Emperaire há décadas estuda as práticas de cultivo, manejo e uso da mandioca no bioma. Sua pesquisa reforça a percepção de que a Amazônia nunca esteve isolada da ação humana. Ao contrário, os povos amazônicos moldaram — e ainda moldam — a biodiversidade. Cultivos como o da mandioca (leia sobre o ingrediente à p. 35) são resultado de séculos de coevolução entre natureza e cultura.

Resistente, a raiz produz até em solos pobres, secos e com muita variação climática. Em um país que esteve de volta ao Mapa da Fome da ONU entre 2022 e 2025, sua relevância é ainda maior. Fonte calórica acessível, garante a segurança alimentar em milhares de lares brasileiros. Na maioria das residências visitadas pela nossa equipe durante a pesquisa para este livro, havia um roçado de mandioca; em muitos, também uma casa de farinha em atividade. E é a uma delas que daremos atenção especial neste capítulo: a da família Damasceno, no Quilombo Espírito Santo do Itá, em Santa Izabel do Pará, cidade localizada a 47 quilômetros de Belém.

Nessa comunidade liderada por mulheres, a mandioca garante a sobrevivência de cinquenta famílias. Em seis retiros de farinha comunitários, produzem

The Amazon has long been considered an important center in the domestic cultivation of plants. Studies of paleobotanic traces show that two important species which are currently cultivated in the region have been domesticated in the biome —cassava and the pupunha palm. As the archaeologist Eduardo Góes Neves, from the University of São Paulo (USP), emphasizes, it was not by chance that this happened in an area where there is clear evidence of continuous human occupation, more specifically in the Alto Madeira basin and its tributaries, in what is now the state of Rondônia. Landscape manipulation, which occurred due to the domestication of species, contributed to the Amazonian biodiversity and was also a determining factor in the diet of the original peoples. Part of this food culture has survived and has come down to us in the present day, above all, through the widespread presence of cassava, a plant with countless attributes.

For decades, the French ethnobotanist Laure Emperaire has studied the cultivation, management and use of cassava in the biome. Her research reinforces the view that Amazonia was never isolated from human action. On the contrary, the Amazonian peoples have shaped —and continue to shape— biodiversity in the region. Crops such as cassava (read about the ingredient on p. 35) are the result of centuries of co-evolution between nature and domestication.

The resistant root is productive even in poor, dry soils in very different climates. In a country that was back on the United Nation's hunger map between 2022 and 2025, its relevance is even greater. An affordable source of calories, it ensures food security to thousands of Brazilian homes. Most of the homes visited by our team as it researched for this book had a plot dedicated to growing cassava; many also had a functioning casa de farinha *[flour house, used to process the plant]. And it is on one of these families that this chapter will focus specifically: the Damascenos in the Quilombo Espírito Santo do Itá in Santa Izabel do Pará, a city located 47 kilometers from Belém.*

In this community led by women, cassava ensures the survival of fifty families. In six collective flour houses, they produce flour, gum, and tucupi *[cassava root sauce]*

ESCOLAR

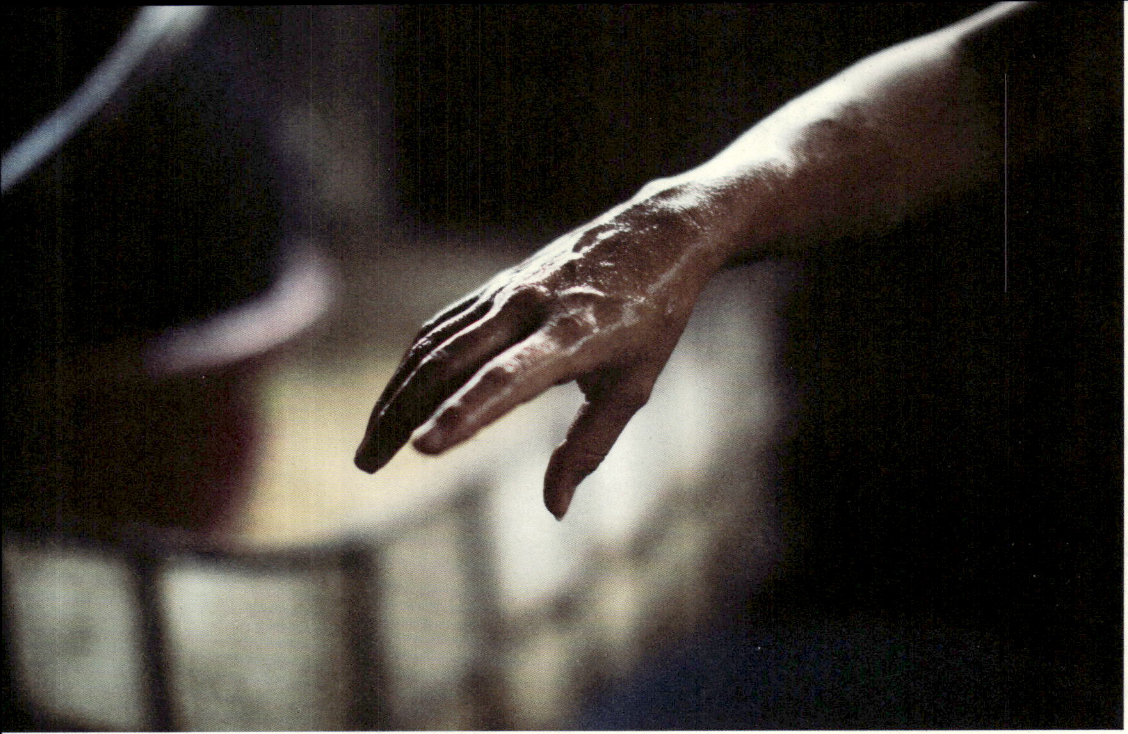

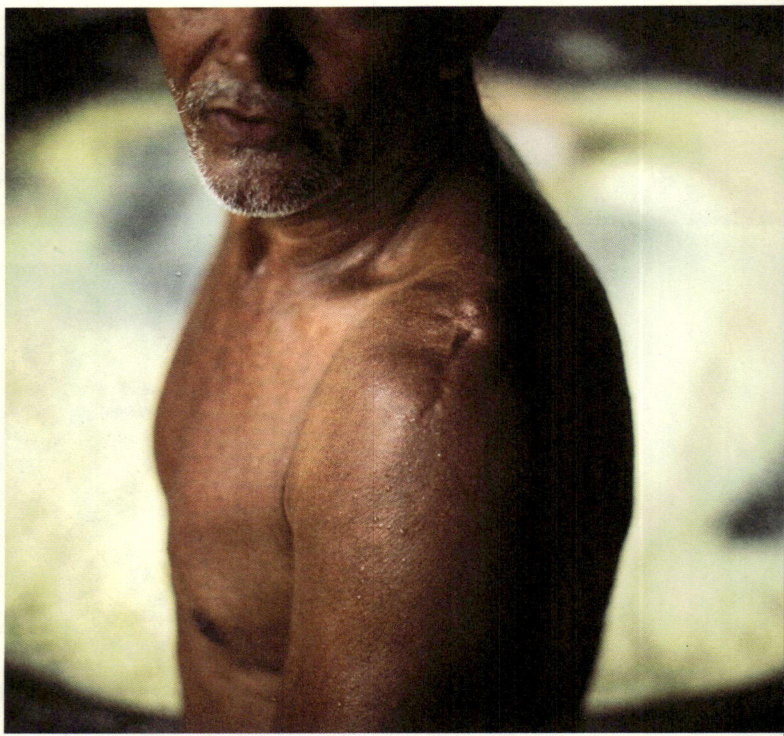

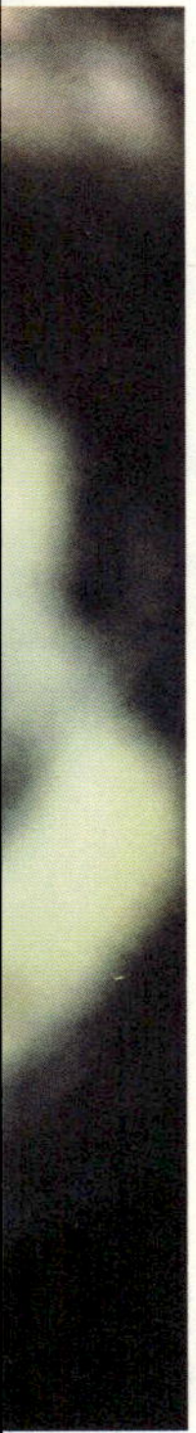

Nestas páginas, vista da paisagem em Espírito Santo do Itá, em Santa Izabel do Pará, pela janela do Museu da Mandioca; tucupi fervendo com chicória, alfavaca e cipó-alho. Na dupla de páginas anterior, processo de produção do tucupi e da farinha de mandioca.
On these pages, a view of the landscape in Espírito Santo do Itá, Santa Izabel do Pará, through the window of the Cassava Museum; tucupi *simmering with chicory, basil, and garlic vine. On the previous double-page spread, the production process of* tucupi *and cassava flour.*

farinha, goma e tucupi — Santa Izabel é, aliás, reconhecida por fabricar um dos melhores tucupis do Pará. A cultura da mandioca dita o ritmo de vida e a organização social: de 30 a 40 toneladas da raiz são processadas por mês. Segunda-feira é dia de ir para o campo colher em roçados próprios ou em terras arrendadas em outras regiões — as plantações locais não suprem mais a crescente demanda. Na terça, começa o processo de descascar e lavar as raízes, tarefa feita de maneira coletiva, em grandes rodas, geralmente um momento de descontração em que as famílias se inteiram de questões importantes ou atualizam as conversas. Depois de lavadas, as mandiocas são trituradas e levadas à prensa, que separa a matéria-prima em duas partes: uma líquida, a manipueira, e outra sólida, a massa. A primeira vira tucupi; a segunda, farinha. Na quarta e na quinta-feira, várias tarefas ocorrem simultaneamente: o tucupi é fervido e temperado; a massa, lavada, prensada e peneirada; a goma, decantada. Enquanto isso, a farinha é escaldada e torrada. Grandes rodos de madeira empurram a massa contra o fundo de fornos alimentados a lenha, espalhando os grumos de farinha em movimentos constantes pelo ar, numa dança bonita, mas extenuante, que exige força física, cadência e olhos atentos. Na chapa do mesmo forno, Silvane dos Santos e Keila Damasceno da Costa assam beijus chica. Feitos com massa da mandioca e coco ralado, são extremamente leves e crocantes (leia receita à p. 65). Sexta é dia da expedição: de embalar, rotular e concluir os últimos processos. A produção da semana tem de estar pronta na madrugada de sábado para ser levada à feira em Santa Izabel.

Criada dentro de uma casa de farinha, Cristina Celene Borges Damasceno se emocionou quando falou sobre o que a mandioca representa para ela. A agricultora e vice-presidente da Associação Quilombola de Espírito Santo do Itá disse que a mandioca é a sua base: "O que tenho hoje consegui através dela. Mandioca é um modo de vida". Modo de vida escolhido por Cristina, apesar da contrariedade do pai, que queria que os filhos estudas-

—Santa Izabel is, in fact, recognized for making one of the best tucupis *in Pará. The cultivation of cassava dictates the rhythm of life and the social organization: 30 to 40 tons of the root are processed every month. Monday is the day to go to the field to harvest the crop in their own cassava plots or in lands leased in other regions —the local crops are no longer sufficient to meet the growing demand. On Tuesday they start the collective process of peeling and washing the roots, using large wheels. This is usually a moment of relaxation in which families learn about important issues or update themselves on what is going on. After it is washed, the cassava is crushed and pressed, separating the raw material into two parts —a liquid, the* manipueira, *and a solid, the paste. The first becomes* tucupi; *the second, cassava flour. On Wednesday and Thursday, several tasks occur simultaneously: the* tucupi *is boiled and seasoned, while the paste is washed, pressed and sifted, and the gum is decanted. Meanwhile, the flour is scalded and roasted. Large wooden paddles are used to press the paste against the bottom of the wood-fired ovens, turning the flour particles constantly over in the air in a beautiful but strenuous dance, which requires physical strength, cadence and attentive eyes. On the floor of the same oven, Silvane dos Santos and Keila Damasceno da Costa roast* beijus chica. *Made from cassava paste and grated coconut, they are extremely light and crispy (read recipe on p. 65). Friday is reserved for shipment: packing, labelling, and finishing the last procedures. The week's production must be ready by the early hours of Saturday to be taken to the market in Santa Izabel.*

Raised inside a flour house, Cristina Celene Borges Damasceno becomes emotional when she talks about what cassava represents for her. The farmer and Vice President of the Quilombola Association of Espírito Santo do Itá says that cassava is at the heart of her life: "Everything I have today, I owe to it. Cassava is a way of life." Cristina chose this way of life despite the opposition of her father, who wanted his children to study so that they did not have to work in the fields or make cassava flour like him. (Read Cristina's testimonial on p. 32.)

Toda vez que falo da mandioca, eu me emociono. Mandioca é tudo, é a minha base, a minha história. O que construí foi trabalhando com ela: a educação dos meus dois filhos e a minha própria. Convivendo com outras pessoas, consegui muitos conhecimentos. Fui educada na casa de farinha. O papai ia de madrugada trabalhar e levava a gente junto. Arrumava um canto pra gente dormir. Era uma casa de farinha comunitária, cada dia uma família trabalhava lá. Cresci ouvindo o papai dizer: 'estudem, pra não irem pra roça'. Mas eu não quis sair daqui. Continuei e construí coisas boas, e isso me emociona. É alegria, não arrependimento.

Meus irmãos e o meu marido saíram pra trabalhar na cidade. A casa de farinha estava caindo, e essa tradição quase acabou, por falta de apoio. Minha luta era pra organizar a comunidade e trazer melhorias para a agricultura familiar. E a gente conseguiu reconstruir, retomar e melhorar. O pessoal da Emater (Empresa de Assistência Técnica e Extensão Rural) começou a fazer visitas técnicas e dar assistência pra gente. Depois, conseguimos um financiamento pra pequenos agricultores, e eu encarei também.

Fui a primeira mulher a presidir a Associação Quilombola de Espírito Santo do Itá, por três mandatos. Queria entrar pra melhorar pra todos nós, e conseguimos. Como comunidade, não só eu. Se hoje faço esse trabalho [de liderança comunitária], é porque cresci vendo o seu Bibiano [Borges Magalhães] lutar pela comunidade. Quase ninguém conta a história dele, mas ele foi um líder que "rasgava as mangas" por nós, como a gente fala. Graças a ele nossa comunidade quilombola foi registrada oficialmente. Eu me inspirei muito na batalha dele.

Agora o meu irmão voltou e está aqui comigo de novo. É por isso que a gente fala que é uma agricultura familiar. Pra nós, viver em família é muito precioso. A gente tá trabalhando isso com as crianças. Elas são o futuro de Espírito Santo do Itá, e queremos que sigam contando essa história. Sei quem será a futura presidenta: a Juliana, uma menina de 16 anos muito guerreira.

Cristina Celene Borges Damasceno é agricultora e vice-presidente da Associação Quilombola de Espírito Santo do Itá, em Santa Izabel.

Cristina Damasceno

Every time I talk about cassava, I get emotional. Cassava is everything, it is my foundation, my history. Everything I have built is based on it: the education of my two children and my own. Living with other people, I got a lot of knowledge. I was educated in the flour house. Dad went to work at dawn and took us with him. He organized a corner for us to sleep. It was a communal flour house, every day a different family worked there. I grew up hearing Dad say: "study, so you don't have to work the land." But I didn't want to leave here. I continued and built good things, and that makes me emotional. It is joy, not repentance.

My siblings and my husband went to work in the city. The flour house was falling apart, and this tradition almost ended, due to lack of support. My struggle was to organize the community and bring improvements to family farming. And we managed to rebuild, start again and improve. The staff of Emater (Technical Assistance and Rural Extension Company) started to make technical and advisory visits and give us some help. Then, we managed to get a loan for small farmers, and I handled that as well.

I was the first woman to chair the Quilombola Association of Espírito Santo do Itá, for three terms. I wanted to take the job to improve things for all of us, and so we did. As a community, not only me. If today I do this work [of community leadership], it is because I grew up seeing Mr. Bibiano [Borges Magalhães] fight for the community. Almost no one tells his story, but he was a leader who "tore his sleeves" for us, as we say. It is thanks to him that our quilombola *community was officially registered. I was really inspired by his battle. Now my brother has come back and is here with me again. That's why we say it's family farming. For us, living with family is very precious. We are working on this with our children. They are the future of Espírito Santo do Itá, and we want them to keep telling this story. I already know who will be the future president: Juliana, a 16-year-old girl, a real fighter.*

Cristina Celene Borges Damasceno *is a farmer and vice-president of the Quilombola Association of Espírito Santo do Itá, in Santa Izabel.*

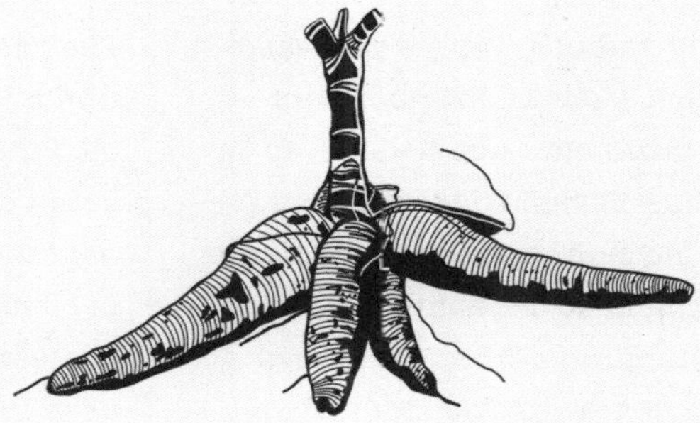

Mandioca e seus derivados

Manihot esculenta

Evidências genéticas apontam que a mandioca, planta nativa da América do Sul, foi inicialmente domesticada por povos indígenas na porção brasileira da Amazônia. Dali, teria sido levada para o litoral peruano e o norte da Colômbia, onde já é cultivada há mais de 4 mil anos. Robusta, capaz de resistir ao sol forte e à seca, hoje é cultivada em todo o território brasileiro e em mais de cem países tropicais e subtropicais. Está presente em praticamente todas as roças da agricultura familiar, terras indígenas, quilombos e assentamentos. Aproveitada integralmente, das folhas às raízes, constitui importante fonte de carboidrato, essencial para garantir a segurança alimentar de muitas famílias brasileiras. Além disso, é um patrimônio da cultura alimentar, dado que a seleção de variedades e a produção de seus derivados abarcam conhecimentos transmitidos de geração em geração pelos povos tradicionais. Símbolo da sociobiodiversidade do Brasil, a espécie científica *Manihot esculenta* agrupa centenas de variedades domesticadas e resguardadas pelos agricultores e agricultoras. Fruto de séculos de manejo, a diversidade de mandiocas e macaxeiras é resultado da observação, experiência e classificação de critérios empíricos de produtividade, cor, gosto, teor de amido e resistência a pragas. Na região Norte, o termo "mandioca" refere-se às variedades com alto teor de cianeto de hidrogênio, substância tóxica encontrada nas folhas e nas raízes que pode causar danos à saúde — daí os nomes mandioca-amarga ou mandioca-brava. Já o termo "macaxeira" indica as variedades com menor concentração de ácido cianídrico — também chamadas de mandioca-mansa, aipim ou mandioca de mesa. O que muda no consumo da primeira em relação à segunda é a necessidade de processamento para eliminação da toxicidade. Com ambas pode-se produzir farinha e goma, ainda que a brava seja mais usada para esse fim. O processamento tem ainda outra beleza: é um empreendimento coletivo, quase sempre familiar. Nas chamadas casas de farinha, produz-se farinha, goma, tucupi e maniva.

Genetic evidence indicates that cassava, a plant native to South American, was initially domesticated by indigenous peoples in the Brazilian Amazonia. From there, it would have been taken to the Peruvian coast and northern Colombia, where it has been cultivated for more than 4,000 years. Capable of resisting the strong sun and droughts, it is now grown throughout Brazil and in more than a hundred tropical and subtropical countries. It can be found in almost all the backyards of family smallholdings, indigenous lands, quilombos [*fortified camps where escaped slaves were sheltered*], *and settlements. Utilized from its leaves to its roots, it is a source of carbohydrate that ensures the food security of many Brazilian families. In addition, it is a heritage food culture, given that the selection of varieties and the production of their derivatives include knowledge transmitted from generation to generation. A symbol of Brazil's socio-biodiversity, the species* Manihot esculenta *includes hundreds of varieties domesticated and safeguarded by traditional peoples. The diversity of* mandioca *and* macaxeira [*synonyms of cassava*] *is the result of observation, experience and classification of empirical criteria of productivity, color, taste, starch content, and pest resistance. In the North, the term "mandioca" refers to varieties with a high content of hydrogen cyanide, a substance found in the leaves and roots that can harm health —hence the names* mandioca-amarga [*bitter cassava*] *or* mandioca-brava [*wild*]. *The term "macaxeira" is reserved for the varieties with the lowest concentration of hydrocyanic acid —also called* mandioca-mansa [*mild*], aipim *or* mandioca de mesa [*table cassava*]. *The first must be processed to eliminate the toxic hydrogen cyanide. While both can be used to produce flour and gum, the* brava *varieties are more often used for this purpose. Processing the crop is a collective enterprise, almost always a familiar one. Flour, gum, tucupi, and maniva are produced in the so-called flour houses.*

MANIVA

As folhas da mandioca, depois de lavadas e moídas, são levadas ao fogo para um processo de cozimento que pode levar de três a sete dias, período durante o qual se elimina o ácido cianídrico e o ingrediente passa a ser chamado de maniva. Rica em proteínas, vitaminas e fibras, a maniva é empregada no preparo da maniçoba, cozido tradicional paraense que leva ainda carnes salgadas e defumadas e embutidos. No Ver-o-Peso, mercado popular de Belém do Pará, há várias bancas especializadas nesse produto. Pode-se comprar as folhas apenas trituradas ou já cozidas e prontas para fazer maniçoba, um dos pratos obrigatórios das famílias belenenses na época do Círio de Nazaré — manifestação religiosa católica que acontece em Belém, anualmente, em outubro. Em algumas regiões do Brasil, o termo maniva também é empregado para se referir a um pedaço de caule usado para propagação da planta.

The cassava leaves, after being washed and milled, are taken to the fire for a cooking process that can take three to seven days, during which the hydrocyanic acid is eliminated and the ingredient becomes known as maniva. *Rich in proteins, vitamins and fiber,* maniva *is used in the preparation of* maniçoba, *a traditional Pará stew which also includes salted and smoked meats and sausages. In Ver-o-Peso, the popular market in Belém do Pará, there are several stalls which specialize in this product. You can buy the leaves only shredded or already cooked and ready to make* maniçoba, *one of the obligatory dishes eaten by families in Belém during the Círio de Nazaré —a Catholic religious festival that is celebrated in Belém every year in October. In some regions of Brazil, the term* maniva *is also used to refer to a piece of the plant's stem used in propagation.*

FARINHA DE MANDIOCA

As raízes de mandioca são colhidas e levadas para a casa de farinha, onde são lavadas, descascadas, raladas e prensadas. Nessa última etapa, separa-se a massa da manipueira (parte líquida). Enquanto a manipueira repousa para o amido (goma) decantar, a massa é peneirada e levada ao forno, para escaldar e torrar. Durante a torra elimina-se o ácido cianídrico, via evaporação, o que torna a farinha apta para o consumo, e conferem-se cor e crocância. Chama-se de "farinha-d'água" aquela cujo processo começa com a produção da massa puba, em que a mandioca é deixada de molho para fermentar e amolecer. Depois, é triturada, ou passada direto na peneira, e torrada. Resulta numa farinha de sabor único, mais ácido e complexo, de grãos mais grossos e firmes. A farinha que não usa massa puba é chamada de "seca". Já a "lavada" é aquela em que a massa, ou parte dela, é lavada para remover o excesso de amido. "Farinha mista" é o resultado da mistura de massa seca com uma quantidade menor de massa pubada ou da combinação de massa lavada com a massa fresca recém-ralada.

Cassava roots are harvested and taken to the flour house, where they are washed, peeled, grated, and pressed. In this last step, the paste is separated from the manipueira (*liquid part*). *While the* manipueira *rests for the starch* (*gum*) *to decant, the paste is sifted and taken to the oven, to be scalded and toasted. During roasting, the hydrocyanic acid is eliminated by evaporation, which makes the flour suitable for consumption while giving it color and crunch.* Farinha-d'água [*water flour*] *is the one whose process starts with the production of a* puba *paste: the cassava is left soaking to ferment and soften. Then it is chopped or sieved and toasted. This process results in a unique, more acidic and complex flour taste, of thicker and firmer grains. The flour that does not use* puba *paste is called* seca [*dry*]. *While the* lavada [*washed*] *paste, or part of it, is the one which is washed to remove excess starch.* Farinha mista [*mixed*] *is the result of mixing dry paste with a smaller amount of* puba *paste or the combination of* lavada *paste with fresh and recently grated paste.*

FARINHA DE TAPIOCA

É um produto resultante do processamento do amido da mandioca, ou goma — leia mais no verbete correspondente. Na Amazônia, a farinha de tapioca mais popular é a farinha "espocada", famosa por acompanhar as tigelas de açaí. Sua textura peculiar,

It is a product that results from the processing of cassava starch, or gum — read more in the corresponding entry. In Amazonia, the most popular tapioca flour is the "espocada" [*popping*] *flour, famous as a topping for bowls of açaí. Its unusual,*

leve e flocada, que lembra uma bolinha de isopor, é resultado de uma técnica específica de torra, a "espocagem". Nela, pequenos glóbulos de goma, previamente granulados e peneirados, são aquecidos em temperatura controlada até estourarem como uma pipoca. Vale mencionar que em outras regiões do Brasil existem produtos popularmente conhecidos como "farinha de tapioca". É o caso da tapioca granulada, típica do Nordeste, empregada para o preparo do cuscuz e do dadinho de tapioca.

light and flaked texture, reminiscent of a styrofoam little pellet, is the result of a specific toasting technique —popping. Small globules of gum, previously granulated and sifted, are heated at controlled temperature until they burst like popcorn. It should be mentioned that in other regions of Brazil there are products popularly known as "tapioca flour." This is the case of granulated tapioca, typical of the Northeast region, used for the preparation of couscous and tapioca dadinho [*tapioca dices*].

GOMA DE MANDIOCA

É o amido presente na polpa e na contracasca da mandioca, obtido por meio da decantação da manipueira — líquido que escorre da mandioca triturada e prensada. Depois de ser separado da manipueira, o amido é lavado e decantado algumas vezes, até ficar bem branquinho. Após ser parcialmente desidratada, normalmente por um processo de secagem ao sol, a goma é chamada de fresca (ou hidratada) e usada para preparar receitas como o beiju de tapioca. Também pode ser matéria-prima para a produção da farinha de tapioca. Processos de desidratação mais longos, seguidos de uma fina peneiragem, dão origem ao polvilho (ou fécula de mandioca). Insípida e insolúvel em água fria, a goma gelatiniza quando aquecida acima de 60ºC e é item indispensável para dar viscosidade ao tacacá.

Goma [*gum*] *is the starch found in the pulp and inner skin of cassava, obtained by decanting the* manipueira *—the liquid that flows from crushed and pressed cassava. After it is separated from the* manipueira, *the starch is washed and decanted a few times, until it is very white. After being partially dehydrated, usually by drying in the sun, the gum is called fresh* (*or hydrated*) *and is used to prepare recipes such as tapioca* beiju. *It can also be used as the raw material for producing tapioca flour. Longer dehydration processes, followed by sifting through a fine sieve, produces* polvilho (*or* fécula de mandioca, *cassava starch*). *Tasteless and insoluble in cold water, the gum gelatinizes when heated above 60ºC and is indispensable to give viscosity to the* tacacá [*typical Amazonian dish that also includes* tucupi, *an astringent herb called* jambu, *and dried shrimp*].

TUCUPI

Da primeira prensagem da mandioca-brava previamente descascada e ralada, escorre um líquido amarelado chamado de manipueira. Depois de decantar, para a remoção do amido (a goma), esse líquido fermenta por até 48 horas até ser levado ao fogo a lenha, processo essencial para a eliminação do ácido cianídrico. Nesse momento, recebe temperos como chicória, alfavaca, cipó-alho e sal — eventualmente pode levar também jambu e alho, as receitas variam muito. Depois, é coado num pedaço de pano, resfriado e envasado, geralmente em garrafas PET reaproveitadas. Superácido e muito aromático, esse caldo amarelo é um dos ingredientes mais singulares, deliciosos e importantes da cozinha amazônica. É base de pratos tradicionais da região, como o tacacá, o pato no tucupi e o arroz paraense. Com ele também se faz um molho com pimentas ardosas e de cheiro, presente em quase toda mesa amazônica.

From the first pressing of previously peeled and grated mandioca-brava, *a yellowish liquid called* manipueira *flows out. After decanting to remove the starch (gum), this liquid is fermented for up to 48 hours until it is heated in a wood fire to eliminate the hydrocyanic acid, an essential process. At this point, seasonings such as chicory, basil, garlic vine and salt are then added —sometimes* jambu *and garlic are also added, the recipes vary a lot. It is then strained through a piece of cloth, cooled and bottled, usually in reused soda PET bottles. Highly acidic and very aromatic, this yellow broth is one of the most unusual, delicious and important ingredients of Amazonian cuisine. It is the basis of traditional dishes of the region, such as* tacacá, pato [*duck*] no tucupi *and Pará rice. It is also used to make hot and mild chili pepper sauce, which can be found on almost every Amazonian table.*

sem para não terem de trabalhar na roça nem fazendo farinha como ele. (Leia o depoimento de Cristina à p. 32.)

Frequentadora da comunidade desde criança, a professora Sigla Rodrigues Pantoja relembra que, apesar da enorme importância alimentar da mandioca, o ingrediente já foi marginalizado e alvo de preconceito inclusive entre aqueles que o plantam e seguem preservando sua identidade mesmo sem perceber. Criadora do Museu da Mandioca, em 2014 Sigla teve a ideia de fazer um festival em homenagem ao ingrediente. Mais que fomentar a agricultura familiar, o festejo tem contribuído para que os moradores percebam a relevância e a potência que uma comunidade alicerçada na produção de farinha, goma e tucupi desempenha na estrutura econômica e alimentar da sociedade. Isso fica evidente na fala de Cristina: "Passamos a ser vistos de uma outra forma. Mostramos do que éramos capazes. Se a gente não trabalha, falta farinha na cidade, e o povo não come".

A frequent visitor of the community since childhood, teacher Sigla Rodrigues Pantoja recalls that, despite the enormous importance of cassava as a food, the ingredient has already been marginalized and the target of prejudice, even among those who plant it and continue to preserve its identity even without realizing it. Founder of the Museum of Cassava, in 2014 Sigla had the idea of organizing a festival in honor of the ingredient. More than fostering family agriculture, the celebration has contributed to the residents realizing the relevance and power that a community based on the production of flour, gum and tucupi *plays in the economic and food structure of society. This is evident in Cristina's speech: "We began to be seen differently. We have shown what we are capable of. If we do not work, there is a scarcity of flour in the towns and cities, and people do not eat."*

Seeing the forest coming through the bay of Guajará to Ver-o-Peso Market in Belém and anchoring their countless colorful boats at dawn, filled with baskets of

Toda vez que eu falo da mandioca, eu me emociono. Mandioca é tudo, é a minha base, a minha história. ”

CRISTINA DAMASCENO

Every time I talk about cassava, I get emotional. Cassava is everything, it is my foundation, my history.

Ver a floresta chegando pela baía do Guajará ao Ver-o-Peso, em Belém, em inúmeras embarcações coloridas que ancoram de madrugada, repletas de paneiros de frutas, sementes e peixes, dá a exata dimensão do pensamento de Cristina. Há muitas bocas na cidade esperando por alimento. Um deles, tão basilar para o amazônida quanto a mandioca, anda escasso nas mesas locais menos abastadas: o açaí (leia sobre o ingrediente à p. 47). Depois de virar superalimento e extravasar as fronteiras da Amazônia e do Brasil, passou a ser consumido de maneira diferente da que é originalmente. Ficou caro e está cada vez mais inacessível a grande parte da população, que sempre teve na fruta uma garantia de segurança alimentar. Fonte calórica importantíssima, é um dos traços definidores da alimentação tradicional no Norte do país. Costumava estar presente à mesa em todas as refeições, geralmente junto de peixe e farinha. Ao serem privados do acesso ao açaí, os que têm menos recursos ficam mais suscetíveis à chamada transição alimentar tradicional, quando há a troca no consumo de produtos nativos por ultrapro-

fruit, seeds and fish, gives a clear sense of what Cristina thinks. There are many mouths in the city waiting for food. One such food, as basic to the diet of the Amazonian family as cassava, is becoming difficult to find on the less affluent local tables: açaí *(read about the ingredient on p. 47). After it started to be marketed as a superfood and overflowed the borders of Amazonia and Brazil, it began to be consumed in a different way from how it was originally. It has become expensive and increasingly inaccessible to a large part of the population, which has always counted on the fruit as an assurance of food security. A very important source of calories, it is one of the defining aspects of traditional food in the North of Brazil. It used to be found on the table at all meals, usually along with fish and flour. By being deprived of access to açaí, those with fewer resources are more susceptible to the so-called traditional food transition, when consumption of native foods is replaced by ultra-processed, industrialized products. This leads to the emergence of chronic diseases such as diabetes, hypertension, and obesity.*

Nesta página, mandioca em processo de fermentação para fabricação de farinha. Na dupla de páginas seguinte, barracas de frutas, peixes, temperos e comidas prontas no Ver-o-Peso, mercado popular de Belém.
On this page, cassava undergoing fermentation to make flour. On the next double-page spread, stalls selling fruit, fish, spices, and ready-made foods at Ver-o-Peso, a popular market in Belém.

MARI
5.00
LITRO
15.00

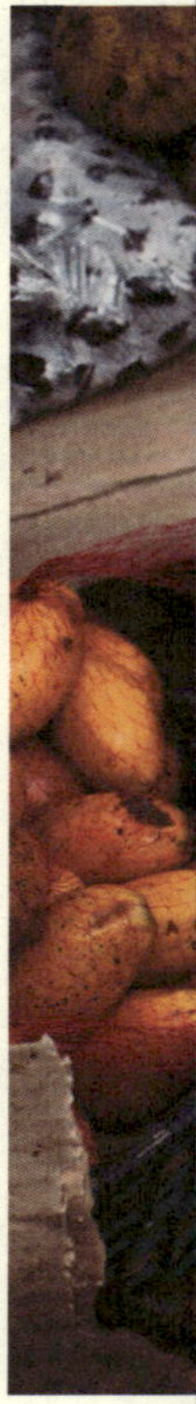

TEMOS
MASTRUZ

UXI
5.00

20,00 Kg
BANDEIRADO
KILO
KILO
KILO
32,00
GURIJUBA
PEQUENA

Barracas de aromas, garrafadas e mandingas no Ver-o-Peso.
Stalls selling aromas, bottles and charms in Ver-o-Peso.

HELOISA

cessados. A consequência é o surgimento de doenças crônicas como diabetes, hipertensão e obesidade.

Extrativista da Comunidade São João Batista, no rio Campompema, e presidente da Cofruta (Cooperativa de Fruticultores de Abaetetuba), Vanildo Ferreira Quaresma nos relata a relevância do fruto em sua vida: "Açaí foi um dos produtos que me criou. Quando era novo, se passava muita dificuldade, se não tinha comida, tendo açaí a gente fazia mingau ou suco, e ia sobrevivendo. Naquela época, não tinha disputa por esse produto no mercado. Era só para o nosso consumo". (Leia o depoimento de Vanildo à p. 48.)

Nas últimas décadas, a demanda pelo fruto explodiu – em 2023, 61 mil toneladas foram exportadas. Como consequência, quem sempre viveu da produção do açaí tem tido de lidar com significativos impactos ambientais, sociais e econômicos. Áreas de floresta onde a fruta coexistia com outras espécies nativas importantes para o extrativismo estão sendo modificadas para priorizar a palmeira, causando perda de biodiversidade e severas alterações nos ecossistemas de várzea, processo que tem sido chamado de "açaização" da Amazônia.

Pesquisa divulgada na publicação *Biological Conservation* mostrou que a derrubada de árvores nativas para a expansão do monocultivo do açaí vem alterando a fauna e a flora da região de várzea,* um ecossistema que vive sob o efeito constante da inundação e da seca dos rios. As floradas da vegetação nativa minguam; e os insetos polinizadores desaparecem. O próprio açaí, planta com raízes aéreas que dependem da absorção de matéria orgânica trazida pela cheia, é prejudicado por esse manejo predatório. O estudo apontou que as áreas de monocultivo também estão se expandindo para a região de terra firme,* onde os cachos produzem 30% menos do que onde há diversidade.

Vanildo relata que, no começo, os próprios bancos que concediam empréstimos aos produtores incentivavam a retirada de outras espécies dos açaizais, com a alegação de que, assim, conseguiriam aumentar a produção. Algo que ele e os demais cooperados sabiam que

Vanildo Ferreira Quaresma, an extractivist *[a rural worker who extracts fruit and other foodstuffs from the surrounding forest] in the São João Batista community, on the Campompema River, and President of Cofruta (Abaetetuba Fruit Growers Cooperative), tells us of the relevance of the fruit in his life: "Açai was one of the foods that raised me. When I was young, and we were going through difficult times and there was no food on the table, we made porridge or juice from the berry, and kept on surviving. At that time, there was no competition for this product in the market. It was exclusively for our consumption."* *(Read Vanildo's testimonial on p. 48.)*

Over the last few decades, demand for the fruit has exploded –61,000 tons were exported in 2023. As a consequence, those who have always made a living from the production of açai have had to deal with significant environmental, social, and economic impacts. Forest areas where the fruit co-existed with other native species important for the extractivism *are being altered to prioritize the açai palm tree, reducing biodiversity and causing significant changes to the floodplain ecosystems, a process that has been called the "açaization" of Amazonia.*

A study published in the journal Biological Conservation *showed that the felling of native trees for the expansion of açai monoculture has been altering the fauna and flora of the floodplain region,* an ecosystem that lives under the constant effect of flood and drought of the rivers. The flowering of the native vegetation diminishes; and the pollinating insects disappear. The açai palm itself, with aerial roots that depend on absorbing organic matter brought by the floods, is harmed by this predatory management. The study highlights that monoculture is also expanding to dry lands,* areas where the fruit bunches are 30% less productive than in the biodiverse regions.*

Vanildo says that, at the beginning, the banks that gave loans to producers encouraged the removal of other species from the açai plantations, claiming that this would increase production. Something he and his fellow members of the cooperative knew would turn out badly: "In the first two or three years, production is higher; but in

✶ Na Amazônia, o termo **várzea** refere-se a um tipo específico de ecossistema: as florestas inundáveis situadas ao longo de alguns grandes rios da Bacia Amazônica, como o Amazonas, o Solimões e seus afluentes. Essas áreas são sazonalmente alagadas durante o período de cheia dos rios, que costuma começar em dezembro/janeiro e tem seu auge em abril/maio. A vegetação das várzeas é adaptada às inundações periódicas, com espécies que conseguem sobreviver tanto submersas quanto em períodos secos.

*In Amazonia, the term "**floodplain**" refers to a specific type of ecosystem: the flooded forests located along some large rivers of the Amazon Basin, such as the Amazon, the Solimões and their tributaries. These areas are seasonally flooded when the rivers overflow, which usually starts in December/January and peaks in April/May. The floodplain vegetation is adapted to periodic flooding, with species that can survive both when they are submerged and through the dry season.*

Em sentido horário, buriti, raiz de açaí e o extrativista Vanildo Quaresma com Bel Coelho.
Clockwise, buriti *palm, açai root, and* extractivist *Vanildo Quaresma with Bel Coelho.*

Terra firme é o nome dado a todas as áreas de floresta da Amazônia que não sofrem inundação durante as cheias dos rios. Localizadas em regiões mais elevadas que as várzeas, são o ecossistema florestal mais extenso da Amazônia. Abrigam grandes árvores como a castanheira, a andiroba, a copaíba e o cumaru.

Terra firme *is the name given to all areas of forest in Amazonia which do not flood when the rivers are full. Located in regions higher than the floodplains, these areas are the most extensive forest ecosystem in Amazonia. They house large trees such as the* castanheira *[Brazil nut tree], the* andiroba, *the* copaíba, *and the* cumaru.

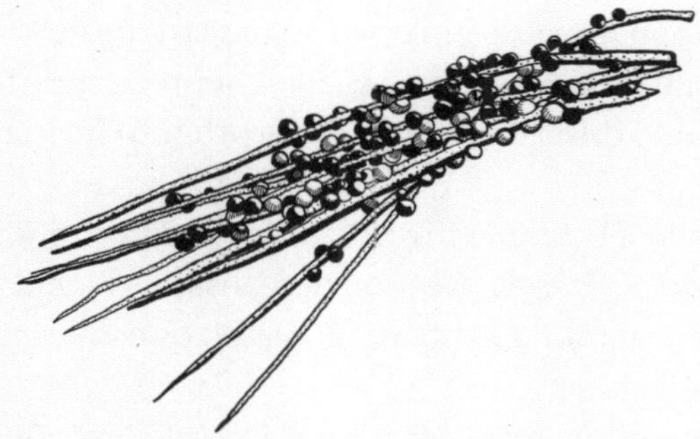

Açaí

Euterpe oleracea

Nativo da porção oriental da Amazônia (Amapá, Pará, Tocantins e Maranhão) e também conhecido como açaí-de-touceira, ou açaí-do-pará, o açaí é o fruto de uma palmeira que cresce em touceiras cujos caules podem atingir 20 metros de altura. Seu palmito também tem alto potencial comercial e é encontrado industrializado em conservas. O açaizeiro produz cachos difíceis de colher. Há que se escalar as palmeiras com o auxílio de uma peconha, laço feito em geral com fibra de embira ou corda, enlaçado nos tornozelos, com o qual os catadores apoiam os pés no caule e empurram o corpo para cima, a fim de alcançar o topo da palmeira para pegar os cachos com frutos já maduros. Os pequeninos frutos redondos, roxo-escuros, são removidos manualmente para o beneficiamento. Depois de higienizados, são processados para a extração da polpa que dá origem ao "vinho de açaí", um creme denso, de altíssimo teor calórico e rico em antocianinas. Por oxidar rapidamente, tem de ser batido perto da hora do consumo. Ainda que a indústria tenha apresentado o açaí ao mundo como um creme doce e gelado, parecido com um sorvete, tradicionalmente ele é consumido puro, sem adição de açúcar ou sal. Fundamental na alimentação das populações ribeirinhas da região Norte, o "vinho de açaí" é a companhia ideal para o peixe frito, ou assado, junto da farinha de mandioca. Também é comum tomá-lo com tapioca espocada. Desde que o açaí ultrapassou as fronteiras e virou uma commodity, sua mercantilização tem afetado as dinâmicas sociais de produção, que passaram a incluir diversos intermediários na cadeia de valor, elevando o seu custo, a ponto de torná-lo inacessível à população local. Ao mesmo tempo, para atender à demanda de mercado, os açaizais nativos das áreas de várzea têm sido intensamente manejados: suprimem-se as outras espécies e aumenta-se a densidade da palmeira. Esse processo, chamado de "açaização" da Amazônia, reduz a biodiversidade característica da vegetação nativa e coloca em risco o equilíbrio dos ecossistemas da várzea e a segurança alimentar do amazônida.

Native to the eastern part of Amazonia (the states of Amapá, Pará, Tocantins, and Maranhão) and also known as the açaí-de-touceira *or* açaí-do-pará, *açai is the fruit of a palm tree that grows in clumps of stems that can reach 20 meters in height. Its palm heart also has significant commercial potential, and is bottled or canned on an industrial scale. The* açaizeiro *produces fruit bunches that are difficult to harvest. The palm trunks are climbed with the help of a* peconha, *a bow normally strung with* embira *fiber or rope, which is tied round the ankles, used by the pickers to support their feet on the stem and push their body upwards, in order to reach the top of the palm to harvest the bunches of ripe fruits. The small round, dark purple fruits are removed manually for processing. After they are washed, they are processed to extract the pulp that gives rise to "vinho de açaí" [açai wine], a dense, extremely calorific cream that is rich in anthocyanins. As it oxidizes quickly, it has to be blended just before it is consumed. Although the food industry has introduced açai to the world as a sweet and icy cream, similar to an ice cream, it is traditionally consumed pure, without added sugar or salt. An essential food for the riverside populations of the North of Brazil, "açai wine" is ideal to accompany fried or grilled fish, along with cassava flour. It is also common to take it with popped tapioca. Since the açai has crossed borders and became a commodity, its commercialization has affected the social dynamics of production, which now includes various middlemen in the value chain, raising its cost to the point of making it inaccessible to the local population. At the same time, to meet the market demand, the native açai palms of the floodplains are now intensively managed, with other species being suppressed to increase the density of the açai. This process, called the "açaization" of Amazonia, reduces the biodiversity which is characteristic of the native vegetation and puts at risk the balance of the floodplain ecosystems and the food security of Amazonians.*

Açaí foi um dos produtos que me criou. Quando era novo, se passava muita dificuldade, se não tinha comida, tendo açaí a gente fazia mingau ou suco, sem precisar de farinha, nada, e ia sobrevivendo. Naquela época, não tinha disputa por esse produto no mercado. Era só pro nosso consumo mesmo.

Este ano deu pouco açaí na região. Estamos investigando ainda os motivos. Pode ser porque a safra no ano retrasado foi forte, e aí ele precisou descansar um pouco. Ou pode ser pela mudança climática. Também tem muita gente derrubando os estipes nativos, e isso afugenta as abelhas que polinizam.

Cresceu muito o monocultivo de açaí na região. É a "açaízação" da Amazônia. Geralmente por ação de grandes produtores, gente da região e outros que vêm de fora também.

Alguns produtos se tornaram monocultivo e trouxeram muitos problemas, não só o açaí. Além de derrubarem a mata nativa, usam muito defensivo químico. É ruim não só para o sistema, mas também para as comunidades. Em fevereiro, borrifaram veneno de jatinho numa dessas áreas de monocultura de dendê e soja, em terra firme. Desceu pelo rio, matou quase todos os peixes e contaminou uma comunidade quilombola. A monocultura de açaí é um problema grande, sim, mas pior ainda são as de soja e dendê. Açaí o pessoal daqui pelo menos consome. Soja e dendê nem aqui ficam, é pra exportação. As consequências são drásticas.

No Cofruta, somos em 78 e estamos buscando alternativas pra trazer novos cooperados. Nossos filhos não querem coletar. A modernidade trouxe bondade, mas trouxe problema também. O celular é um deles. Nossos pais pensavam: "Quero que o meu filho estude, vá pra Abaetetuba. Não quero que seja como eu". Isso induziu as pessoas a irem embora, porque achavam que quem trabalhava na roça não ia ter nada na vida. Expandiram a ideia de que a cidade seria a solução, mas não é. Lá tem mais problemas do que aqui. Muita gente que se formou, voltou pra cá. Não tem emprego pra todo mundo na cidade.

Vanildo Ferreira Quaresma
é extrativista na Comunidade São João Batista, no rio Campompema, e presidente da Cofruta (Cooperativa de Fruticultores de Abaetetuba).

Vanildo Quaresma

Açai was one of the foods that raised me. When I was young, and we were going through difficult times and there was no food on the table, we made porridge or juice from the berry, we didn't need flour, or anything else, and kept on surviving. At that time, there was no competition for this product in the market. It was exclusively for our consumption.

This year there was little açai available in the region. We are still finding out why. It may be because the harvest last year was really good, and the palms needed to rest a little. Or it may be due to climate change. There are also a lot of people chopping down the palm tree stems, and this impacts on the bees that pollinate them.

Açai monoculture has grown a lot in the region. It is the "açaization" of Amazonia. It is usually due to the large producers, both people from the region and others who come from outside as well.

Some products have become monoculture and brought many problems, not just açai. In addition to destroying the native forest, they use a lot of chemical pesticides. It is bad not only for the ecosystem, but also for the communities. In February, they sprayed poison from the air on one of these areas of dendê *palm and soybean monoculture, on firm ground. It went into the river, killed almost all the fish and contaminated a* quilombola *community. Açai monoculture is a big problem, yes, but even worse are the soybean fields and* dendê *palm plantations. At least we consume açai here. Soybeans and* dendê *do not stay here – it is for export. The consequences are drastic.*

There are 78 of us in Cofruta and we are looking for alternatives to bring in new members. Our children do not want to collect the fruit. Modernity has brought goodness, but it's brought problems as well. The cell phone is one of them. Our parents used to think: "I want my children to study, go to Abaetetuba. I don't want them to be like me." This encouraged people to leave because they thought that those who worked the land would have nothing in their lives. They expanded the idea that the city would be the solution, but it is not. There are more problems there than here. Many people who graduated came back here. There aren't jobs for everyone in the city.

Vanildo Ferreira Quaresma
is an extractivist in the São João Batista community, on the Campompema River, and is President of Cofruta (Abaetetuba Fruit Growers Cooperative).

Detalhes da cozinha de Helena Quaresma, na Comunidade São João Batista, no rio Campompema; em uma das cenas, Helena e Bel na janela da casa de Helena e Vanildo.
Details of Helena Quaresma's kitchen, in the São João Batista community, on the Campompema River; in one of the scenes, Helena and Bel at the window of Helena and Vanildo's house.

São João

daria errado: "Nos primeiros dois ou três anos, até produz mais; mas nos anos seguintes a colheita despenca. O monocultivo sempre traz problemas". Na Cofruta, dos 78 cooperados, cerca de quarenta entregam frutos catados de açaizais nativos, oriundos apenas de extrativismo, vendendo-os para o PAA,* o PNAE* e a Natura. Grande parte do trabalho com os fruticultores de Abaetetuba é focado na conscientização sobre a importância de manter a variedade de produtos. A sobrevivência dos agricultores e da própria cooperativa depende da diversidade: "Taperebá frutifica um mês só. Mas se tiver em consórcio também o murumuru, a andiroba, o patauá, a ucuuba, o miriti, o cupuaçu e o açaí temos com o que trabalhar o ano inteiro. Nossa luta é reforçar toda a cadeia de produção para valorizar esses produtos e incentivar os jovens a seguir no campo, coletando e dando continuidade a essa história".

Calçados com botas sete-léguas, caminhamos com Vanildo pela floresta resguardada no fundo da casa de palafita onde ele mora com os filhos e a esposa, Helena, que nos ensinou a tratar e preparar o mapará (leia receita à p. 67) em sua cenográfica cozinha toda cor-de-rosa. No quintal dos Quaresma, a diversidade impera. Uma microamostra de como é um ecossistema de várzea: passamos por muitos pés de miriti, andiroba, babaçu, murumuru, taperebá e jenipapo até chegarmos às touceiras de açaí, cujo topo Vanildo rapidamente alcançou usando uma peconha.

Mais de metade do açaí brasileiro é colhido de maneira totalmente informal nas cidades do Baixo Tocantins — Abaetetuba, Igarapé-Miri, Cametá, Limoeiro da Ajuru, Oeiras do Pará, Mocajuba e Barcarena. O beneficiamento, porém, ocorre em municípios maiores, como Belém, Ananindeua e Castanhal, onde ficam as fábricas e os ganhos financeiros gerados pelos impostos. Vanildo diz que o açaí movimenta muito dinheiro, mas lamenta que para as regiões produtoras não fica nada. Recentemente, participou de um encontro em Abaetetuba onde foi discutida a questão do alto custo da fruta para os ribeirinhos: "Açaí já não é mais comida de pobre. Numa

the following years the harvest falls dramatically. Monoculture always brings problems." Of the 78 members of the Cofruta cooperative, about forty deliver fruit harvested naturally from native açai palm groves, originating only from extractivism, *selling it to the government's PAA* and PNAE* food programs and Natura [a Brazilian company that sells cosmetic and personal care products]. Much of the work with the fruit growers in Abaetetuba is focused on raising awareness of the importance of maintaining the variety of products. The survival of farmers and the cooperative itself depends on diversity: "The* taperebá *palm produces fruit for only one month in the year. But if we also combine the* murumuru, *the* andiroba, *the* patauá, *the* ucuuba, *the* miriti, *the* cupuaçu *and the açai, we have work for the whole year. Our struggle is to strengthen the entire production chain to value these products and encourage young people to follow us by working in the field, collecting and continuing this story."*

Wearing sete-léguas *[seven-league] boots, we walked with Vanildo through the forest area protected at the background of the stilt house where he lives with his children and his wife, Helena, who taught us to prepare and cook the* mapará *catfish (read recipe on p. 67) in her scenographic all-pink kitchen. Diversity prevails in the Quaresma family's backyard. It is a mini sample of how a floodplain ecosystem is: on our way to the açai palm groves, we passed by many* miriti, andiroba, babaçu, murumuru, taperebá, *and genipap trees. Vanildo quickly reached the top of the trees using a* peconha *[a climbing stirrup made of rope].*

More than half of Brazilian açai is harvested entirely informally in the rural municipalities of Baixo Tocantins —Abaetetuba, Igarapé-Miri, Cametá, Limoeiro da Ajuru, Oeiras do Pará, Mocajuba, and Barcarena. The fruit is processed, however, in larger towns and cities, such as Belém, Ananindeua, and Castanhal, where the factories are located and where the benefit of the taxes is felt. Vanildo says that the açai generates a lot of money but regrets that the producing regions see none of it. Recently, he participated in a meeting in Abaetetuba where the

* O **Programa de Aquisição de Alimentos** foi criado em 2003 com o objetivo de incentivar a economia local por meio da compra de alimentos da agricultura familiar para distribuição a pessoas em situação de insegurança alimentar e instituições públicas, como escolas, creches e hospitais.

*The **Food Acquisition Program** was created in 2003 with the aim of encouraging the local economy by purchasing food from family farms for distribution to people in situations of food insecurity and public institutions such as schools, day care centers, and hospitals.*

Em sentido horário, o extrativista Vanildo Quaresma; paneiro com buriti e andiroba; canoa alagada em igarapé; e sementes de murumuru.
Clockwise, the extractivist *Vanildo Quaresma; a basket filled with* buriti *and* andiroba*; a flooded canoe in a stream; and* murumuru *seeds.*

Uma das iniciativas mais antigas de segurança alimentar e nutricional do Brasil, o **Programa Nacional de Alimentação Escolar** repassa recursos federais para a aquisição de alimentos da merenda escolar que respeitem a cultura e as tradições e incentivem hábitos alimentares saudáveis. Cerca de 40 milhões de estudantes das redes municipal, distrital, estadual e federal são atendidos pelo programa. Por lei, 30% do valor dos repasses deve ser investido na compra de produtos da agricultura familiar, sobretudo de assentamentos, comunidades indígenas e quilombolas e de grupos formais e informais de mulheres, para fortalecer a economia local e gerar renda no campo.

One of the oldest food and nutritional security initiatives in Brazil, the ***National School Food Program*** *transfers federal resources for the acquisition of food for school meals that respect culture and traditions, and encourage healthy eating habits. About 40 million students in municipal, district, state and federal schools are served by the program. By law, 30% of the value of the budget reserved for the program should be invested in the purchase of products from family farms, especially those in settlements, indigenous, and quilombola communities, and formal and informal groups of women, to strengthen the local economy and generate income in rural areas.*

Perfil da mata no caminho entre Abaetetuba e Belém.
Profile of the forest on the road between Abaetetuba and Belém.

família de quatro pessoas, na entressafra, o cidadão precisa de 160 reais para pôr na mesa dois litros no almoço e dois no jantar. Quem pode arcar com isso?".

Um pensamento que tem ganhado força entre os produtores é a necessidade de haver intervenção do Estado na regulação do preço e na adoção de medidas para ajudar a fortalecer os extrativistas em cooperativas e associações suficientemente fortes para banir os intermediários: "O cara não tem um pé, mas vende mil latas? Os grandes atravessadores manipulam o preço e ficam com a maior parte da renda. Se continuar assim, não vai mais ter açaí pra gente. Tem que lembrar dos que estão na cidade, trabalhando e vivendo com um salário mínimo. Eles também precisam ter resguardado o seu direito de tomar um açaí".

Em uma barraca que vende peixe com açaí no Mercado Ver-o-Peso, conhecemos Joel Nascimento da Silva. Empunhando um saquinho com a polpa recém-batida na mão, pronto para voltar para casa após uma madrugada descarregando açaí na beira do rio Guajará, ele conta que tinha um ano de idade quando provou a fruta pela primeira vez. Resignado, fala da alta diluição da polpa, uma estratégia cada vez mais frequente para viabilizar a venda e o consumo: "Pelo menos uma água fina para sujar a farinha precisa ter. Paraense não come se não tiver açaí".

Ao compartilharmos a mesa com uma tradicional família da região metropolitana de Belém, vivemos na prática a constatação de Joel. Na casa dos Santana, terceira geração de uma família de ceramistas, seja qual for a refeição, açaí e farinha não podem faltar. Tem açaí todos os dias, no almoço, no lanche, a qualquer hora. Ao falar sobre os hábitos dos amazônidas, a artesã Maynara Santana diz que, mesmo sem conhecer nada sobre os povos originários, sabe a importância do açaí e da farinha, porque o paraense não come nada sem os dois ingredientes: "A Amazônia bota comida na minha mesa, me alimenta, me deu uma história para contar e viver. É graças aos povos originários que plantaram nessa região que estou aqui hoje, vivendo e perpetuando essa cultura".

issue of the high cost of the fruit for the riverine communities was discussed: "Açai is no longer food for the poor. Out of season, R$160 are needed to put two liters of açai on the table at lunch and two more at dinner for a family of four. Who can afford that?"

One thought that has gained strength among producers is the need for state intervention in regulating prices and adopting measures to help strengthen the role of extractors in cooperatives and associations tough enough to cut out the middlemen: "The guy doesn't have a single açai palm to his name, but sells a thousand cans? The big middlemen manipulate the price and get most of the income. If it goes on like this, there won't be any açai left for us. You have to remember those who are in the city, working and living on a minimum wage. They also need their right to have an açai safeguarded."

In a stall that sells fish with açai in the Ver-o-Peso Market, we met Joel Nascimento da Silva. Holding a little bag of the freshly beaten pulp of the fruit and ready to return home after working in the early morning to unload açai on the banks of the Guajará River, he says he was only one year old when he first tasted the fruit. Resigned about the situation, he talks about how the pulp is heavily diluted, an increasingly frequent strategy to make it possible to sell and consume the food: "At least we need a thin juice to stain the flour. People from Pará don't eat if there's no açai."

When we share the table of a traditional family from the metropolitan region of Belém, we see Joel's observation in practice. In the house of the Santanas, the third generation of a family of ceramicists, whatever the meal is, açai and flour are never lacking. Açai is to be had every day —at lunch, for a snack, at any time. When talking about the habits of Amazonians, artisan Maynara Santana says that even without knowing anything about the original peoples, she knows the importance of açai and cassava flour, because any native of Pará refuses to eat anything without the two ingredients: "Amazonia puts food on my table, feeds me, gave me a story to tell and live. It is thanks to the original peoples who cultivated in

A Amazônia bota comida na minha mesa. Graças aos povos originários que plantaram nessa região que eu estou aqui hoje, vivendo e perpetuando essa cultura.

” MAYNARA SANTANA

Amazonia puts food on my table. It is thanks to the original peoples who cultivated in this region that I am here today, living and perpetuating this culture.

Em sentido horário, a partir da esquerda, almoço tradicional belenense oferecido pelos Santana à equipe do livro; canecas na Cerâmica Família Sant'Ana, em Icoaraci; e da esquerda para a direita, em pé, Nelma Gleice Assis da Silva, Rosilene do Socorro Santana do Amaral, Maynara Carolina de Souza Santana, Keila Cristina Castro Santos e Jhenifer Graziele Oliveira dos Santos, e sentadas, a partir da esquerda, Rozalina de Fátima da Silva Santana, Francisca Marly de Souza Santana e Vera Lucia Silva de Castro.
Clockwise, from left, a traditional Belém lunch offered by the Santanas to the book team; mugs at the Cerâmica Família Sant'Ana, in Icoaraci; and from left to right, standing, Nelma Gleice Assis da Silva, Rosilene do Socorro Santana do Amaral, Maynara Carolina de Souza Santana, Keila Cristina Castro Santos, and Jhenifer Graziele Oliveira dos Santos, and seated, from left, Rozalina de Fátima da Silva Santana, Francisca Marly de Souza Santana, and Vera Lucia Silva de Castro.

Mesa do almoço na Cerâmica Família Sant'Ana, em Icoaraci: caranguejo, tambaqui assado, arroz e farofa.
Lunch table at Cerâmica Família Sant'Ana, in Icoaraci: crab, roasted tambaqui, *rice, and* farofa.

Bel servindo tambaqui em almoço na Cerâmica Família Sant'Ana.
Bel serving tambaqui *at lunch at Cerâmica Família Sant'Ana.*

A Cerâmica Família Sant'Ana fica em Icoaraci, distrito de Belém onde há muitas olarias que fabricam artefatos com desenhos inspirados no grafismo tradicional marajoara. Comercializada no Ver-o-Peso, em feiras de artesanato e em lojas especializadas, a cerâmica marajoara contemporânea, embora não arqueológica ou originária, carrega um importante valor simbólico na cultura paraense. No livro *Arqueologia da Amazônia*, Eduardo Góes Neves salienta que uma característica notável das ocupações humanas na região foi a presença precoce da produção cerâmica, entre as mais antigas da América do Sul.

A avó de Maynara, Fernanda, começou a tradição da cerâmica na família. Foi trabalhar na olaria do Espanhol, a mais antiga de Icoaraci ainda em atividade: "Depois papai começou a brincar nessa olaria, porque é assim que a gente começa na cerâmica, brincando, e se profissionalizou". Ao relembrar da infância, dos banhos e pescarias nos igarapés, Guilherme, pai de Maynara, diz que o distrito, todo entrecortado pelos riachos, hoje está "totalmente transformado". A maior parte dos igarapés — de onde, aliás, os ceramistas extraíam barro — assorearam ou foram aterrados. Hoje a matéria-prima usada nas olarias locais vem de Santo Antônio do Tauá.

O grafismo marajoara começou a aparecer nas cerâmicas de Icoaraci na década de 1970 por influência de Raimundo Cardoso, o Mestre Cardoso, que depois de conhecer peças arqueológicas no Museu Emílio Goeldi, em Belém, passou a fazer réplicas dos exemplares encontrados nos tesos marajoaras — elevações artificiais de terra construídas pelos povos indígenas pré-coloniais para proteger as aldeias das inundações. A adoção dos grafismos marajoaras nos artefatos está associada ao renascimento da cerâmica na região. Maynara diz ter orgulho por poder honrar "a história desse povo que deixou sua história contada através de cerâmicas ritualísticas, mas que também era onde eles guardavam seus alimentos". (Leia o depoimento de Maynara à p. 62.)

this region that I am here today, living and perpetuating this culture."

The Cerâmica Família Sant'Ana is located in Icoaraci, a district in Belém where there are many craft potters producing objects inspired by the traditional Marajó graphic designs. Marketed in Ver-o-Peso as well as in craft fairs and in specialized stores, contemporary Marajoara ceramics, although not archaeological or historical in origin, have an important symbolic value in the Pará culture. In his book Arqueologia da Amazônia [Archaeology of Amazonia], *Eduardo Góes Neves writes that a remarkable feature of human occupations in the region was the evidence of some of the earliest fired clay objects being produced, among the oldest in South America.*

Maynara's grandmother, Fernanda, began the tradition of ceramics in the family. She went to work in the Espanhol pottery, the oldest still operating in Icoaraci: "Then dad started playing in this pottery, because that's how we start in ceramics, playing first, then he became a professional." Recalling his childhood, bathing and fishing in the igarapés [*narrow stretches of river inside the forest*], *Guilherme, Maynara's father, says that the district was criss-crossed by streams, but is now "totally transformed." Most of the* igarapés *—from which, by the way, the ceramists extracted clay— have silted up or been buried. Today the raw material used in the local potteries comes from Santo Antônio do Tauá.*

The Marajó graphic designs began to appear in Icoaraci ceramics in the 1970s under the influence of Raimundo Cardoso, Master Cardoso, who after seeing archaeological objects in the Emilio Goeldi Museum in Belém, started to make replicas of the specimens found in the tesos marajoaras *—artificial earthen mounds raised by the pre-colonial indigenous peoples to protect their villages from flooding. The use of the designs on the Marajoara artifacts is associated with the revival of ceramics in the region. Maynara says she is proud to be able to honor "the history of this people who left their story told through ritual ceramics, but that was also where they kept their food."* *(Read Maynara's testimonial on p. 62.)*

Sou nutricionista não praticante. Minha escolha acadêmica foi política, trabalhei com nutrição em educação e saúde. Gosto de falar sobre a cultura alimentar que é ordinária. A gente se orgulha das nossas comidas do dia a dia. Tu pensa no ouriço da castanha, que alimento tão precioso. Nas mil coisas que tu consegue fazer com mandioca. A maniçoba, que precisa de tantos dias pra cozinhar; se não, é veneno. É todo um saber ancestral.

Sobre a história da minha família com a cerâmica, eu sou a terceira geração. Começou com a vovó Fernanda. Depois, meu pai, Guilherme, entrou e se identificou com o grafismo marajoara. A cerâmica marajoara, em sua maioria, é produzida aqui, em Icoaraci. Na década de 1970, seu Raimundo Cardoso teve contato com peças arqueológicas no Museu Emílio Goeldi e passou a produzir réplicas fiéis às encontradas num teso na Ilha do Marajó. Aí, essa cerâmica refloresceu e ficou conhecida como marajoara. Tenho um orgulho absurdo de honrar a história do povo marajoara, que sequer foi conhecido, mas contou sua história através dessa cerâmica ritualística, mas que também era ordinária, usada pra guardar alimentos.

A Amazônia tem muito pra gente conhecer, entender e ouvir a respeito dos povos que viveram aqui. Através da cultura alimentar, inclusive, que é a nossa principal tecnologia. A gente pode não conhecer nada sobre os povos originários, mas sabe a importância da farinha, porque o paraense não come sem farinha. Sabe a importância do açaí, porque o paraense ama açaí e não come sem. A Amazônia, pra gente que é amazônida, é feito relação de mãe, sabe? Você não tem uma dimensão, porque vive essa relação. Ama, cuida e pertence a esse território. A Amazônia bota comida na minha mesa, me alimenta, me deu uma história pra viver e contar. Graças aos povos originários, que plantaram nessa região, eu estou aqui hoje, vivendo e perpetuando essa cultura, desenhando essas palavras que sinto no coração com profundidade. Mesmo sem saber o significado, a gente intui, sabe a importância desse lugar, sente, cultua e honra. A gente tá falando da continuidade.

Maynara Santana é artesã na Cerâmica Família Sant'Ana, em Icoaraci.

Maynara Santana

I am a non-practicing nutritionist. My academic choice was political, I worked with nutrition in education and health. I like to talk about everyday food culture. We pride ourselves on our daily food. Think of the nut ouriço *[pod; literally, hedgehog], what a precious food it is. Of the thousand things you can do with cassava.* Maniçoba, *which needs so many days to cook; if not, it is poison. It is all about ancestral knowledge.*

About the history of my family with ceramics, I am the third generation. It started with Grandma Fernanda. Then my father, Guilherme, started working with clay and identified with the Marajó graphic art. Marajoara ceramics, for the most part, are produced here in Icoaraci. In the 1970s, Mr. Raimundo Cardoso got to know the archaeological pieces at the Emilio Goeldi Museum and began to produce replicas faithful to those found in a teso *on Marajó Island. From then on, this pottery reflourished and it became known as "Marajoara." I have an absurd pride in honoring the history of the Marajó people, who we don't know about, but told us their story through this ritualistic pottery, but which was also for everyday use, to store food.*

The Amazon has a lot for us to know, understand and hear about the people who lived here. Also through their food culture, which is our main technology. We may not know anything about the original peoples of the region, but we know the importance of flour, because the people of Pará don't eat without it. We know the importance of açai, because the Pará people love açai and can't eat without it. Amazonia, for people who are Amazonian, is a mother-child relationship, do you understand? You don't know how important it is, because you live this relationship. You love, care and belong to this territory. Amazonia puts food on my table, feeds me, gave me a story to tell and live. It is thanks to the original peoples who cultivated in this region that I am here today, living and perpetuating this culture, drawing out these words I feel deeply in my heart. Even without knowing the meaning, we intuitively know the importance of this place, feel it, worship it, and honor it. We are talking about continuity.

Maynara Santana *is an artisan in the Cerâmica Família Sant'Ana in Icoaraci.*

Beiju chica

RECEITA **Silvane dos Santos** E **Keila Damasceno**
RENDIMENTO **100 beijus pequenos**

Nas casas de farinha menores, menos "industrializadas", as mandiocas, depois de serem descascadas, são trituradas e colocadas no tipiti para drenar a manipueira — caldo que depois será fervido e temperado para virar tucupi. No retiro dos Damasceno o tipiti não é mais usado para escorrer a manipueira, mas segue sendo importante como unidade de medida no preparo do beiju chica (também conhecido como beiju sica). Um tipiti cheio de massa de mandioca fermentada é misturado com coco seco ralado. Moldados num aro de fibra de guarumã de cerca de 10 cm de diâmetro, são levíssimos, crocantes e muito delicados.

INGREDIENTES

- 1 tipiti de massa de mandioca
- 9 cocos secos ralados
- sal a gosto

PREPARO

Misture a massa de mandioca já drenada com o coco ralado e tempere com sal a gosto. Aos poucos, modele a massa em um aro e asse no forno, na parte menos quente, para que os beijus cozinhem no interior e não queimem.

Beiju chica

RECIPE BY ***Silvane dos Santos*** *AND* ***Keila Damasceno***
YIELDS ***100 small*** **beijus**

In the smaller, less "industrialized" flour houses, the cassava roots are peeled, shredded and placed in the tipiti, *a hand press used to extract the* manipueira *—a broth that will then be boiled and seasoned to become* tucupi. *In the Damasceno retreat, the* tipiti *is no longer used to drain the* manipueira, *but remains important as a unit of measurement in the preparation of* beiju chica *(also known as* beiju sica). *A* tipiti *full of fermented cassava paste is mixed with grated dry coconut. It is then placed in a mold made of* guarumã *fiber about 10 cm in diameter, they are very light, crisp, and very delicate.*

INGREDIENTS

- *1* tipiti *of cassava paste*
- *9 grated dry coconuts*
- *salt to taste*

PREPARATION

Mix the already drained cassava paste with the grated coconut and season with salt to taste. Gradually shape the dough into a hoop and bake in the coolest part of the oven, so that the beijus *cook inside and do not burn.*

Mapará assado

RECEITA **Helena Quaresma**
RENDE **4 porções**

Ticar e lanhar são dois verbos recorrentes no vocabulário amazônida quando está se tratando os peixes. Nesta receita, Helena "lanha" (corta) os mapará no sentido do comprimento, da cabeça ao rabo, um "único risco", dos dois lados. Reproduz o jeito como o pai gostava de fazer, para manter a carne do mapará "mais gordinha".

INGREDIENTES

2 kg de mapará fresco
3 limões
3 dentes de alho
sal a gosto

PREPARO

1. Eviscere os peixes, remova as guelras e lave-os bem em água corrente. Com uma faca bem afiada, lanhe o peixe no sentido do comprimento, da cabeça em direção ao rabo, para que o tempero penetre na carne.
2. Deixe-os de molho na água, com sal e o suco de um limão por cerca de 30 minutos. Lave em água corrente e depois tempere com sal a gosto, o suco de dois limões e os dentes de alho bem picadinhos. Deixe descansar por cerca de uma hora, para que absorvam bem o tempero.
3. Acenda o carvão e espere até as brasas estarem formadas para colocar os peixes. Asse dos dois lados e sirva.

Grilled mapará *fish*

RECIPE BY ***Helena Quaresma***
YIELDS ***4 servings***

Ticar *and* lanhar *are two recurrent verbs in Amazonian vocabulary when dealing with fish. In this recipe, Helena* "lanha" *(cuts) the* mapará (Hypophthalmus edentatus) *lengthwise, from head to tail, in a "single line" on each side. She copies the way the father liked to do it, to keep the fish "fleshier."*

INGREDIENTS

2 kg of fresh mapará
3 limes
3 cloves of garlic
salt to taste

PREPARATION

1. *Gut the fish, remove the gills and wash it well under running water. With a sharp knife, cut each fish lengthwise, from the head towards the tail, so that the seasoning penetrates the flesh.*
2. *Soak it in salted water and the juice of one lime for about 30 minutes. Wash in running water and then season with salt to taste, the juice of two limes and the finely chopped garlic cloves. Let it rest for about an hour, so that it absorbs the seasoning well.*
3. *Light the charcoal and wait until the embers are formed to put the fish to grill. Grill on both sides and serve.*

Brandade de pirarucu seco com gema curada

RECEITA **Bel Coelho**
RENDIMENTO **6 porções**

Transformar o pirarucu fresco em mantas salgadas e secas é uma tradição na Amazônia. No Ver-o-Peso há muitas barracas que comercializam esse ingrediente, usado em um prato tradicional na região, o pirarucu de casaca. A brandade, comumente preparada com bacalhau, nesta receita leva esse saboroso peixe, um dos mais emblemáticos da Amazônia.

INGREDIENTES

PARA A GEMA CURADA

- 6 gemas
- 200 ml de saquê mirin
- 200 ml de shoyu

PARA A BRANDADE

- 300 g de pirarucu seco e já dessalgado
- 100 g de cebola fatiada
- 100 g de alho-poró fatiado
- 300 g de mandioca descascada e ralada
- 2 folhas de louro
- azeite de oliva extravirgem
- 500 ml de óleo de soja
- sal e pimenta-do-reino a gosto
- folhas de salsinha a gosto
- folhas de cerefólio a gosto
- ciboulette a gosto

PARA OS CHIPS

- 1 mandioca descascada
- óleo de girassol, para fritar

PREPARO

1. Comece fazendo as gemas curadas. Em uma fôrma funda, coloque o saquê mirin e o shoyu. Misture bem e ponha as gemas de molho nessa mistura por 20 minutos.
2. Enquanto isso, prepare o pirarucu. Em uma panela grande, ponha água, o pirarucu previamente dessalgado e leve ao fogo baixo por 15 minutos. Retire, desfaça-o em lascas e reserve o líquido do cozimento.
3. Em uma panela, sue a cebola e o alho-poró com as folhas de louro. Adicione a mandioca ralada e refogue até amolecê-la. Acrescente o caldo do cozimento do peixe sempre que necessário. Adicione as lascas de pirarucu e continue refogando. Quando a mandioca e o peixe estiverem com um aspecto de purê, junte o azeite e tempere com sal e pimenta-do-reino.
4. Para preparar os chips, lamine uma mandioca e frite-a em óleo quente até ela ficar crocante. Coloque sobre papel absorvente e reserve.
5. Em um prato fundo, ponha a brandade, os chips de mandioca, folhas de salsinha e de cerefólio, um pouco de ciboulette finamente fatiada e a gema curada no meio do prato.

Dried pirarucu *brandade with cured egg yolk*

RECIPE BY **Bel Coelho**
YIELDS **6 servings**

Transforming fresh pirarucu (Arapaima gigas) *into salty, dried layers is a tradition in Amazonia. In Ver-o-Peso Market, there are many stalls that sell this ingredient, used in a traditional dish in the region, the* pirarucu de casaca *[something like "pirarucu in a froak coat"]. In this recipe, the brandade, usually prepared with cod, is made from this tasty fish, one of the most emblematic in Amazonia.*

INGREDIENTS

FOR THE CURED YOLK

6 yolks
200 ml of mirin sake
200 ml of shoyu

FOR THE BRANDADE

300 g of dried, already desalted pirarucu
100 g of sliced onion
100 g of sliced leek
300 g of peeled and grated cassava
2 bay leaves
extra virgin olive oil
500 ml of soybean oil
salt and black pepper to taste
parsley leaves to taste
chervil leaves to taste
chives to taste

FOR THE CHIPS

1 peeled cassava
sunflower oil, for frying

PREPARATION

1. *Start by making the cured egg yolks. Add the mirin sake and the shoyu to a deep cake pan. Mix well and soak the egg yolks in this mixture for 20 minutes.*
2. *Meanwhile, prepare the* pirarucu. *In a large pan, add the water, the previously desalted dried* pirarucu, *and bring to low heat for 15 minutes. Remove the fish, shred it, and reserve the cooking liquid.*
3. *In a pan, sweat the onion and the leek with the bay leaves. Add the grated cassava and sauté until it softens. Add the fish cooking broth whenever necessary. Add the shredded* pirarucu *and continue to sauté it. When the cassava and fish mixture turns into a puree, add the olive oil and season with salt and black pepper.*
4. *To prepare the chips, slice a cassava thinly and fry the slices in hot oil until they become crispy. Drain them on paper towels and set aside.*
5. *Place the brandade, the cassava chips, parsley and chervil leaves and a few finely chopped chives in a deep dish, and finish by placing the cured yolk on top.*

Mantas de pirarucu seco no Ver-o-Peso, em Belém.
Dried pirarucu layers at Ver-o-Peso, in Belém.

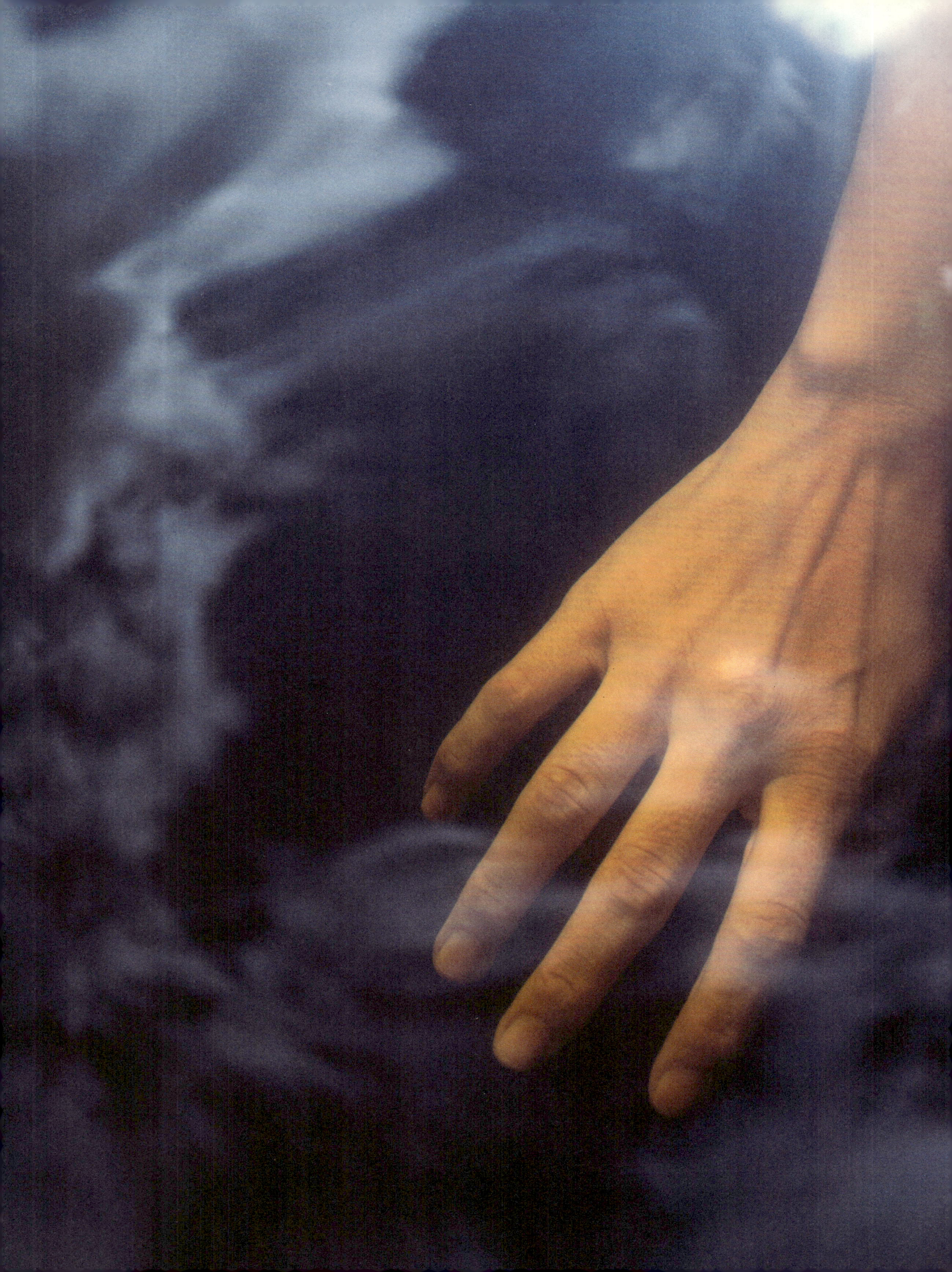

Xingu

T.I. → TERRA INDÍGENA
ESTAMOS AQUI
AMAZÔNIA
BR 230 TRANSAMAZÔNICA
RIO IRIRI
T.I. CACHOEIRA SECA DO IRIRI
CUPUAÇU É PRIMO DO CACAU
RIO IRIRI
RESERVA EXTRATIVISTA RIO IRIRI
COMUNIDADE DO RIO NOVO
RESERVA EXTRATIVISTA RIOZINHO DO ANFRÍSIO

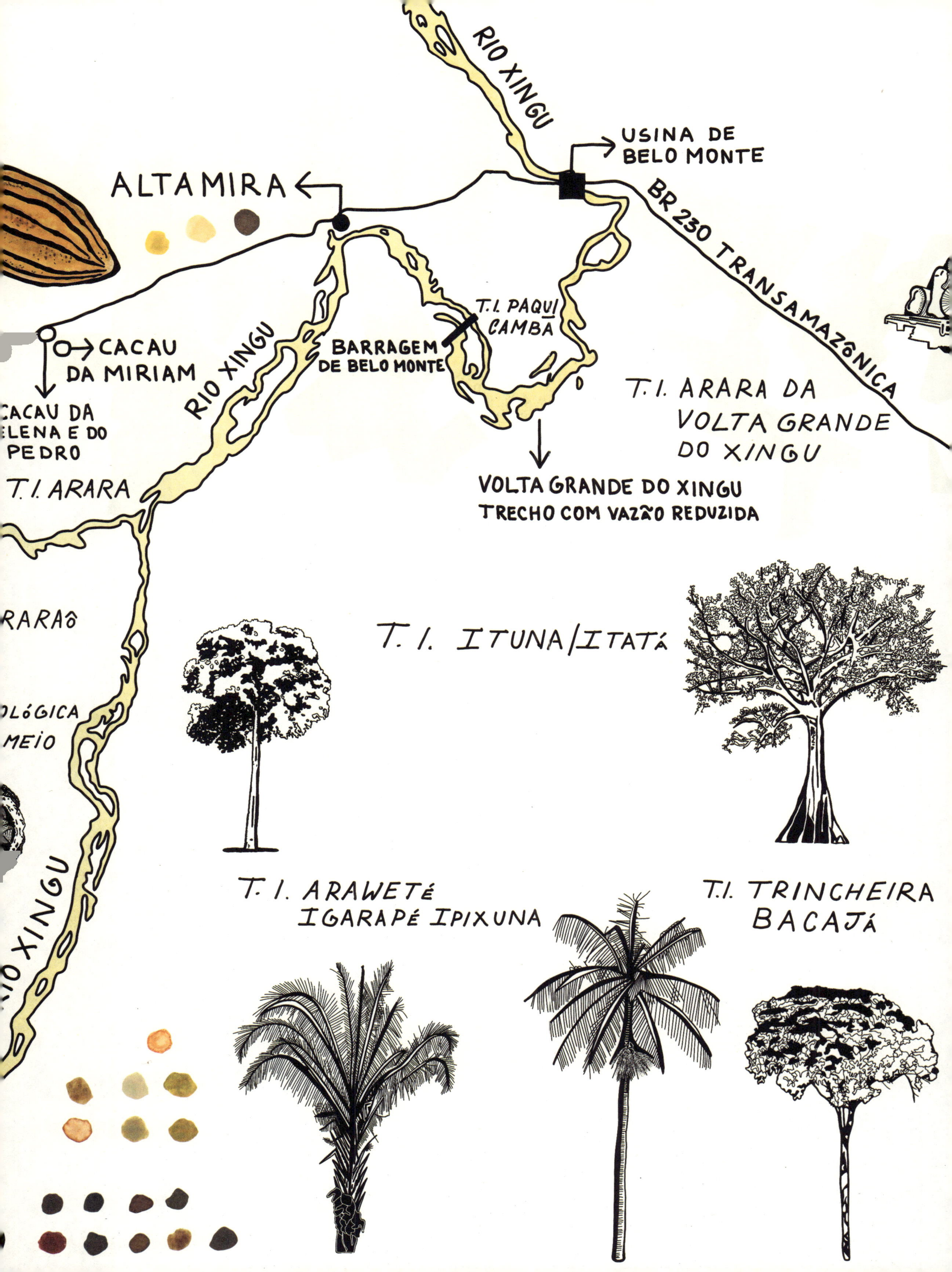

RIO XINGU
USINA DE BELO MONTE
ALTAMIRA
BR 230 TRANSAMAZÔNICA
T.I. PAQUICAMBA
BARRAGEM DE BELO MONTE
CACAU DA MIRIAM
CACAU DA
ELENA E DO
PEDRO
RIO XINGU
T.I. ARARA DA VOLTA GRANDE DO XINGU
T.I. ARARA
VOLTA GRANDE DO XINGU
TRECHO COM VAZÃO REDUZIDA
T.I. ITUNA/ITATÁ
T.I. ARAWETÉ IGARAPÉ IPIXUNA
T.I. TRINCHEIRA BACAJÁ

Vista aérea do rio Xingu.
Aerial view of the Xingu River.

"Xingu" dá nome a um rio, a um território indígena e a um corredor de diversidade socioambiental que agrupa 26 povos indígenas, nove unidades de conservação, 26,5 milhões de hectares em dois biomas — Amazônia e Cerrado — e quarenta municípios, entre eles Altamira, nossa porta de entrada para essa região paraense. Altamira é superlativa e complexa. Maior cidade do Brasil em extensão territorial e uma das principais do arco do desmatamento da Amazônia,* simboliza o contraste entre o modelo desenvolvimentista e a pauta ambientalista. Tem uma paisagem urbana estéril, impressão só mitigada pela presença do rio Xingu, que atravessa o olhar de tempos em tempos. Quase não se veem árvores na área urbana da cidade.

Desde os anos 1970, Altamira enfrenta movimentos migratórios que alteraram a vida das comunidades tradicionais e aumentaram consideravelmente o desmatamento e a tensão na região. A abertura da rodovia Transamazônica, a BR-230, desastrosa obra do governo militar, causou impactos de todas as ordens, inclusive na dinâmica demográfica. Em uma década, sua população quintuplicou: trabalhadores foram para a construção da estrada e ficaram; colonos se mudaram em busca de terra própria para plantar; e grileiros atenderam ao chamado dos militares em suas inúmeras campanhas de "povoamento" de uma terra que nunca foi desabitada — estima-se que antes de os povos originários serem dizimados, pós-chegada dos invasores europeus, entre 8 milhões e 10 milhões de pessoas viviam na Amazônia.

Como se não houvesse complexidade e conflitos suficientes, há dez anos Altamira lida com problemas decorrentes da construção de Belo Monte, terceira maior usina hidrelétrica do mundo, que a reboque levou uma nova onda migratória à cidade. Obra bilionária gerida pelo Consórcio Norte Energia, a usina causou impactos ambientais e sociais inestimáveis na Volta Grande do Xingu, como a alteração do curso do rio, o deslocamento forçado das populações locais, a alteração do modo de vida de povos indígenas e ribeirinhos e a morte de espécies da flora e da fauna. Outro projeto ameaça a

"Xingu" names a river, an indigenous territory and a corridor of socio-environmental diversity which houses 26 indigenous peoples, nine conservation areas over two biomes covering a total of 26.5 million hectares —the Amazon and the Cerrado— and forty municipalities, among them Altamira, our gateway to this region in the state of Pará. Altamira is superlative and complex. The largest municipality in Brazil in terms of area and one of the main districts in the "arc of deforestation" in Amazonia, it symbolizes the contrast between the developmental model and the environmental agenda. The impression of a sterile urban landscape is only mitigated by the presence of the Xingu River, which becomes visible from time to time. Almost no trees are to be seen in the urban area of the municipality.*

Since the 1970s, Altamira has faced migratory movements that have changed the lives of traditional communities and considerably increased deforestation and tension in the region. The opening of the Trans-Amazonian Highway, the BR-230, a disastrous work conceived by the military government, caused impacts of every kind, including on the demographic dynamics. Over a decade, the region's population quintupled: workers arrived to build the road and stayed; rural agricultural families moved in search of their own land to plant; and grileiros *[land grabbers] attended the call of the military government's many campaigns to "settle" a land that was never uninhabited —it is estimated that before the original peoples were decimated following the arrival of the European invaders, between 8 million and 10 million people lived in the Amazon.*

As if there were not enough complex issues and conflicts, for ten years Altamira has been dealing with problems arising from the construction of Belo Monte, the third largest hydroelectric plant in the world, which has brought a new wave of migration to the city in its wake. A billionaire project managed by the Norte Energia Consortium, the hydroelectric plant caused inestimable environmental and social impacts on the Volta Grande do Xingu region —altering the course of the river, forcing displacement of local populations, changing the way of life of indigenous and riverine peoples, and killing many species of flora and

O **arco do desmatamento** é a região em que a fronteira agrícola avança em direção à floresta. Com cerca de 500 mil quilômetros quadrados, essa área vai do leste e sul do Pará ao oeste, passando por Mato Grosso, Rondônia e Acre.

*The **arc of deforestation** is the region in which the agricultural frontier advances toward the forest. Totaling about 500,000 km², this area extends from the east and south of Pará to the west, passing through the states of Mato Grosso, Rondônia, and Acre.*

Chegada dos irmãos Marlon e Andrade Rodrigues à área de extração de castanha-do-brasil na Resex Rio Novo; penas de arara; cogumelos amazônicos.
Arrival of brothers Marlon and Andrade Rodrigues at the Brazil nut extraction area in the Rio Novo Extractive Reserve; macaw feathers; Amazonian mushrooms.

região: a implementação de um empreendimento da canadense Belo Sun que pode vir a ser a maior mina de ouro a céu aberto do mundo. Há mais de uma década, está bloqueado por disputas judiciais sobre o licenciamento ambiental.

Partindo de Altamira, acessamos duas regiões com realidades distintas, mas que padecem dos mesmos males: a constante ameaça de dominação territorial e os problemas acarretados pela mudança climática. Navegando o Xingu e seus afluentes, vimos florestas protegidas, em relação simbiótica com as comunidades indígenas, ribeirinhas e quilombolas extrativistas, nas margens dos rios Iriri e Novo. Atravessando a Transamazônica e seus travessões, deparamos com uma natureza mais devastada. Mesmo assim, e por ações de resistência lideradas pelos movimentos sociais, os migrantes e seus descendentes que se estabeleceram no entorno da Transamazônica a transformaram no principal polo cacaueiro do Brasil, à frente da Bahia, inclusive.

Nosso guia nessa jornada foi o engenheiro de produção e socioambientalista Marcelo Salazar, que trabalhou como consultor do Ibama (Instituto Brasileiro do Meio Ambiente e dos Recursos Naturais Renováveis) e passou quinze anos na coordenação do ISA (Instituto Socioambiental) em Altamira, onde mora desde 2006. Hoje Marcelo é sócio da Mazô Maná, marca de suplementos alimentares com ingredientes amazônicos e desenvolvedora de projetos de serviços socioambientais e de sistemas produtivos nos territórios parceiros.

Marcelo acompanhou o auge da grilagem na região da Terra do Meio, época em que as populações desses territórios estavam completamente alijadas das políticas públicas de Estado. Sem acesso a saúde, educação e previdência social, muitos não tinham nem certidão de nascimento. Com o avanço da grilagem, passaram a ser expulsos de suas terras e acionaram os movimentos sociais em Altamira. Ao receber as denúncias, a ativista Antônia Melo fez um chamado para ONGs, movimentos sociais, Igreja e governo. Essa ação culminou em uma articulação que definiu ações emergenciais para a região.

fauna. Another project threatens the region: the implementation of a venture led by the Canadian company Belo Sun that may become the largest open-air gold mine in the world. For more than a decade, the project has been blocked by legal disputes over environmental licensing.

Starting from Altamira, we access two regions with different realities, but suffering from the same evils: the constant threat of territorial domination and the problems caused by climate change. Navigating the Xingu and its tributaries, we saw protected forests, in symbiotic relationship with extractivist *indigenous, riverine and* quilombolas *communities, on the banks of the Iriri and Novo rivers. Traveling along the Trans-Amazonian Highway and its* travessões [*unpaved sections of the road*], *we encounter a more devastated natural landscape. Even so, and through active resistance led by social movements, migrants and their descendants who settled around the Trans-Amazonian have transformed the region into the main producer of cacao in Brazil, even ahead of Bahia.*

Our guide on this journey was production engineer and socio-environmentalist Marcelo Salazar, who worked as a consultant to Ibama (Brazilian Institute of Environment and Renewable Natural Resources) and spent fifteen years coordinating the ISA (Socio-environmental Institute) in Altamira, where he has lived since 2006. Nowadays, Marcelo is a founding partner of Mazô Maná, a food supplement brand which uses Amazonian ingredients and is a developer of projects for socio-environmental services and production systems in the territories the company partners with.

Marcelo saw up close the land grabbing in the Terra do Meio region at its height, when the populations of these territories were completely excluded from state public policies. Without access to health, education and social security, many did not even have a birth certificate. With the advance of land grabbing, they began to be expelled from their lands and got in touch with the social movements in Altamira. Upon receiving the accusations, activist Antônia Melo called on NGOs, social movements, the Church, and government for action. This culminated in a articulation that defined emergency measures for the region, which

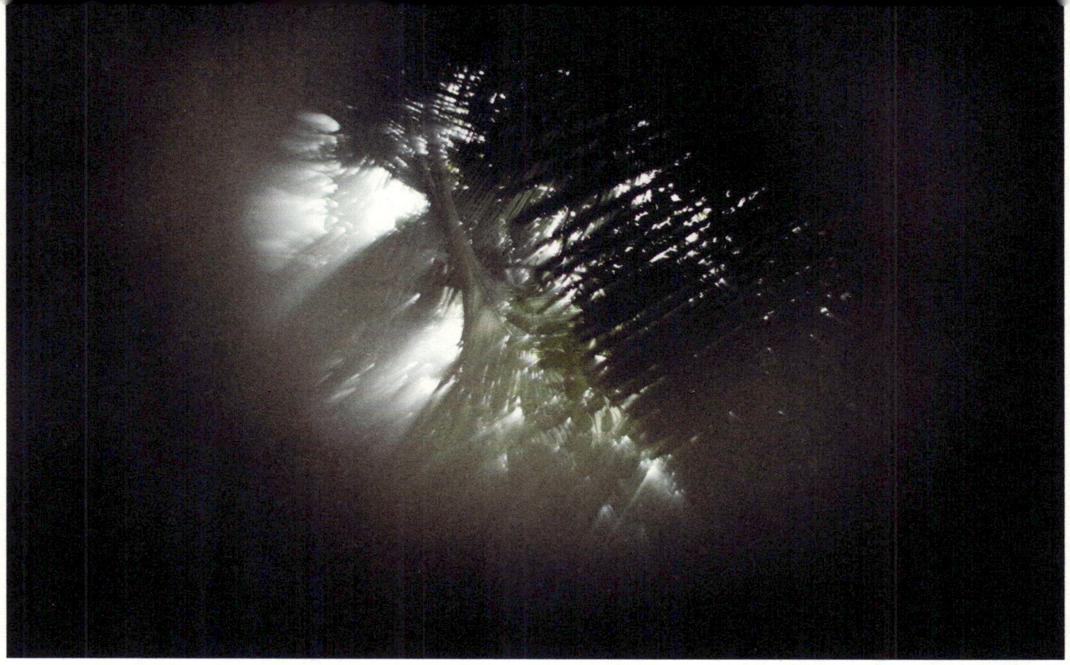

A extrativista Francisca Rodrigues na cozinha da família, na Resex Rio Novo. Na dupla de páginas seguinte, cenas na miniusina e na cozinha dos Rodrigues.
Extractivist *Francisca Rodrigues in the family kitchen, in the Rio Novo Resex. On the next double-page spread, scenes at the Rodrigues' mini-plant and kitchen.*

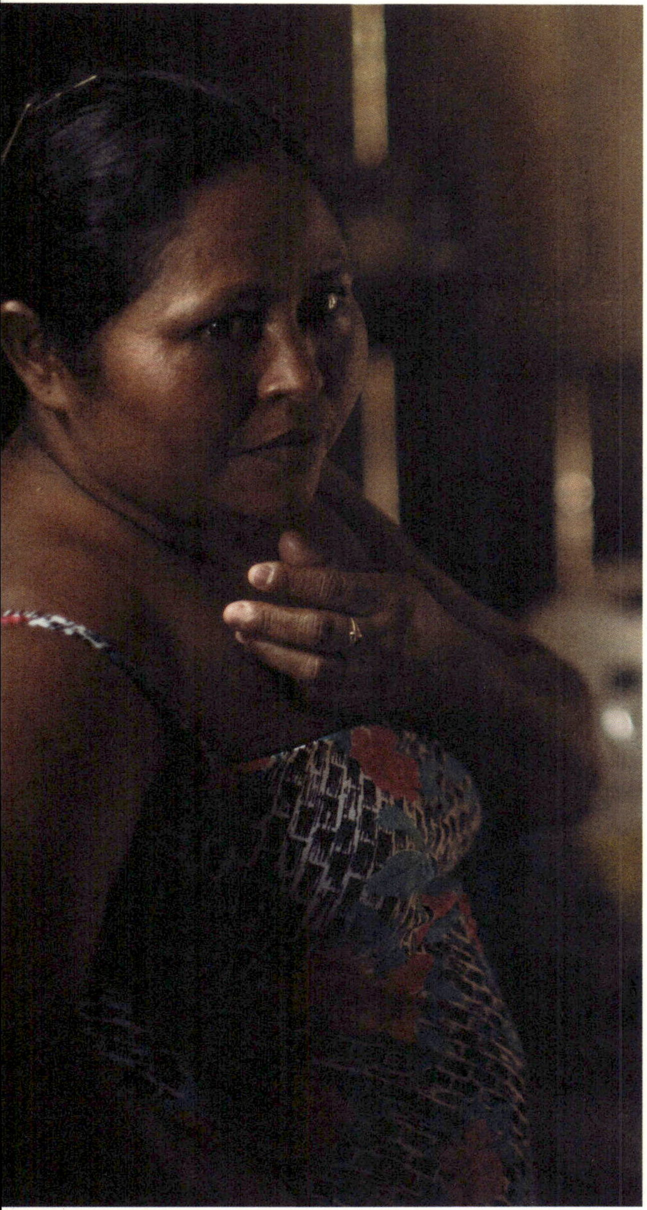

Entre elas, a realização de um diagnóstico de ocupação dessas áreas, coordenado pelo ISA entre 2000 e 2002, para elaborar uma proposta de mosaico das unidades de conservação.* Só em 2005, depois da repercussão internacional do assassinato da missionária americana Dorothy Stang, a Terra do Meio foi reconhecida pelo Estado. Ao iniciar a implementação das unidades de conservação, o Ibama identificou que a outra demanda das famílias, depois da questão fundiária, era a educação formal. Marcelo conta que os grileiros chegavam com um papel e expulsavam os donos da terra herdada do pai, que pertenceu ao avô, que foi do bisavô... As famílias queriam aprender a ler e, para tanto, precisavam de documentação para poder se matricular. O governo deu um passo atrás e fez uma campanha para registrá-los.

A Terra do Meio compreende uma área de 8,5 milhões de hectares de florestas protegidas (cerca de 6% do território paraense), no interflúvio dos rios Xingu e Iriri, onde há cinco unidades de conservação federais (três Resex,* um Parque Nacional e uma Estação Ecológica) e nove Terras Indígenas. A maior parte está em Altamira, e o restante em São Félix do Xingu e Trairão. Em 2012, a Rede de Cantinas Terra do Meio foi formada para fortalecer a organização comunitária e a economia da floresta, articulando iniciativas para valorizar a produção agroextrativista, os saberes tradicionais e a autonomia dos povos da floresta. O diretor-geral da Rede de Cantinas, Francisco de Assis Porto de Oliveira, diz que dos cerca de 5 mil moradores do território, 3 mil fazem parte da organização, entre eles os povos Arara, Araweté, Assurini, Kuruaya, Parakanã, Xikrin e Xipaya.

A Vem do Xingu, marca da Rede de Cantinas com sede em Altamira, comercializa produtos da floresta: castanha-do-brasil (leia sobre o ingrediente à p. 87), óleos de andiroba, copaíba e patauá, pomada de ucuuba, sabonetes da Aasflor (Associação Agroextrativista Sementes da Floresta) e artesanatos indígenas e ribeirinhos. A renda da Rede advém da venda de ingredientes para diferentes empresas, como Wickbold e Firmenich. Mas atualmente é mantida sobretudo pelo fornecimento de

included a diagnosis of occupation of these areas, coordinated by ISA between 2000 and 2002, to develop a proposal for a mosaic of conservation units. It was only in 2005, after the international repercussion of the assassination of the American missionary Dorothy Stang, that the Terra do Meio region was officially recognized by the State. As it was establishing conservation units, Ibama found that what families really desired, after the land question was resolved, was formal education. Marcelo says that the land grabbers arrived clutching a piece of paper and expelled the owners of the land inherited from the father, which belonged to the grandfather, which belonged to the great-grandfather... The families wanted to learn to read and, for that, they needed to be documented to be able to enroll in classes. The government took a step back and promoted a campaign to register them.*

The Terra do Meio consists of an area of 8.5 million hectares of protected forests (about 6% of the territory of Pará), in the area between the Xingu and Iriri rivers, where there are five federal conservation units (three Resex, a National Park and an Ecological Station) and nine Indigenous Lands. Most are in Altamira, and the rest in São Félix do Xingu and Trairão. In 2012, the Terra do Meio Canteens Network was formed to strengthen the community organization and the forest economy, articulating initiatives to enhance* agroextractivist *production, traditional knowledge and the autonomy of the forest peoples. The General Manager of the Canteens Network, Francisco de Assis Porto de Oliveira, says that of the approximately 5,000 people living in the territory, 3,000 belong to the organization, among them the Arara, Araweté, Assurini, Kuruaya, Parakanã, Xikrin, and Xipaya peoples.*

Vem do Xingu, a brand of the Canteens Network based in Altamira, sells forest products: Brazil nuts (read about the ingredient on p. 87), andiroba, copaíba *and* patauá *oils,* ucuuba *ointment, Aasflor (Forest Seeds Agricultural and Extractivist Association) soaps, and indigenous and riverside handicrafts. The network's income comes from selling ingredients to different companies such as Wickbold and Firmenich. But it is currently sustained mainly by the*

As **unidades de conservação** integrantes do Sistema Nacional de Unidades de Conservação da Natureza dividem-se em dois grupos: as Unidades de Proteção Integral, como Parques Nacionais e Estações Ecológicas, cujo objetivo é preservar a natureza, sendo admitido apenas o uso indireto de seus recursos naturais; e as Unidades de Uso Sustentável, como as Reservas Extrativistas (Resex), as Reservas de Desenvolvimento Sustentável (RDS) e as Áreas de Proteção Ambiental (APA), que permitem compatibilizar a conservação da natureza com o uso de parcela de seus recursos naturais.

*The **conservation areas** that are part of the National System of Nature Conservation Units are divided into two groups: the Integral Protection Units, such as National Parks and Ecological Stations, whose objective is to preserve nature, only the indirect use of its natural resources being allowed; and the Sustainable Use Units, such as the Extractive Reserves (Resex), the Sustainable Development Reserves (RDS) and the Environmental Protection Areas (APA), which allow the balance of nature conservation with the use of part of its natural resources.*

alimentos para a merenda escolar, por meio do PNAE e do PAA, promovendo a circulação de alimentos saudáveis e com identidade cultural nas escolas dos territórios indígenas e ribeirinhos extrativistas. A diversidade reflete a abundância da floresta: 76 alimentos provenientes da roça, do rio e da mata são fornecidos atualmente para a merenda escolar. De açaí, bacaba, patauá, farinha de mesocarpo de babaçu e castanha-do-brasil a receitas tradicionais, como mingau de inajá, bolo de puba e berarubu – este um bolo de massa de mandioca recheado com peixe, envolvido em folha de bananeira e assado em um forno de pedra típico dos povos Kayapó, da Terra Indígena Kararaô, e Xikrin, da Terra Indígena Trincheira Bacajá.

Esses são alimentos que, além de nutrir, transmitem cultura e fortalecem a identidade. A agrônoma Kezia Lima, coordenadora do PAA na região e mestranda em etnodiversidade, salienta a questão da soberania alimentar e do protagonismo feminino. As mulheres produzem e entregam nas escolas dentro da própria comunidade. A experiência mostra que a união entre produção comunitária, políticas públicas e práticas tradicionais promove conservação ambiental, saúde, cultura e autonomia econômica nos territórios protetores da floresta.

A Rede de Cantinas dispõe de oito miniusinas construídas para agregar valor à economia da floresta. A da Resex Rio Novo, afluente do Iriri, é tocada pela família de Raimunda Rodrigues. Fica a quase sete horas de Altamira em lancha rápida e é a mais próxima da cidade – a mais distante fica a três dias de voadeira. Processa castanha-do-brasil, farinha de babaçu e óleos vegetais, e desidrata frutas. Quando estávamos a caminho da Comunidade Rio Novo, Raimunda compartilhou a mais recente angústia dos extrativistas da região: este ano não deu castanha. Nascida e criada no território, tem 35 anos e nunca tinha visto faltar castanha: "Sabe o que é ir nos castanhais e não achar um ouriço pra tu provar?". (Leia o depoimento de Raimunda à p. 88).

Castanha-do-brasil, para essa e outras populações amazônicas, é modo de vida. Está intimamente ligada à

supply of food for school meals, through the PNAE and PAA programs, promoting the circulation of healthy foods with cultural identity in the schools of the extractivist *indigenous and riverine territories. The diversity reflects the abundance of the forest: 76 foodstuffs from rural smallholdings, rivers and the forest are currently supplied for school meals. From açai,* bacaba, patauá, babaçu *mesocarp flour and Brazil nuts to traditional recipes, such as* inajá *porridge,* puba *cake, and* berarubu *–this is a cake of cassava dough stuffed with fish, wrapped in banana leaf and baked in a stone oven typical of the Kayapó peoples, of the Kararaô Indigenous Land, and Xikrin, of the Trincheira Bacajá Indigenous Land.*

These are foods that, in addition to nourishing, transmit culture and strengthen identity. Agronomist Kezia Lima, coordinator of the PAA in the region and a Masters student in ethno-diversity, highlights the issues of food sovereignty and female protagonism. The women produce and deliver to schools within their own community. Experience shows that the combination of community production, public policies and traditional practices promotes environmental conservation, health, culture and economic autonomy in the protective territories of the forest.

The Canteens Network has eight mini-mills built to add value to the forest economy. The mill in the Resex on the Rio Novo, a tributary of the Iriri, is run by the family of Raimunda Rodrigues. It is almost seven hours from Altamira by speedboat and is the closest to the city –the farthest one is three days away by bass boat. The mill processes Brazil nuts, babaçu *flour and vegetable oils, and dehydrates fruits. When we were on our way to the Rio Novo community, Raimunda shared the most recent concern of the* extractivists *in the region: this year the Brazil nut harvest failed. Born and raised in the territory, she is 35 years old and had never seen a shortage of nuts. "Do you know what it is like to go to the groves of Brazil nut trees and not find a single* ouriço *[nut pod] for you to open and taste?" (Read Raimunda's testimonial on p. 88).*

The Brazil nut, for this and other Amazonian populations, is a way of life. It is closely linked to food sovereignty.

Reserva Extrativista é uma unidade de conservação criada para preservar a cultura e os modos de vida de populações tradicionais, como seringueiros, ribeirinhos, pescadores artesanais e comunidades que vivem do extrativismo sustentável. Outros objetivos são a conservação da biodiversidade local e o uso dos recursos naturais renováveis, para que as populações locais possam extrair produtos da floresta, pescar, plantar e criar animais de forma tradicional. As primeiras **Resex do Brasil** foram criadas no Acre, no início da década de 1990, em razão da luta de seringueiros e comunidades tradicionais lideradas pelo ativista político Chico Mendes.

The Extractivist Reserve is a conservation unit established to preserve the culture and ways of life of traditional populations, such as rubber tappers, riverine peoples, artisanal fishermen and communities that live from sustainable extractivism. *Other objectives are the conservation of local biodiversity and the use of renewable natural resources, so that local populations can extract forest products, fish, plant, and raise animals using traditional methods. The first* ***Brazilian Resex*** *reserves were set up in Acre in the early 1990s, a result of the struggle of rubber tappers and traditional communities led by political activist Chico Mendes.*

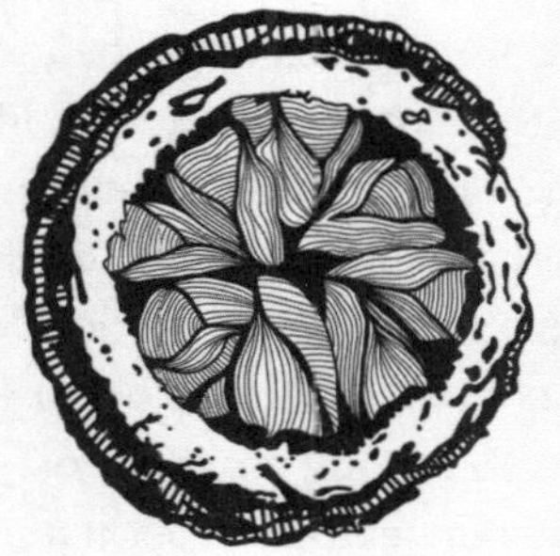

Castanha-do-brasil

Bertholletia excelsa

Também conhecida como castanha-do-pará, tem seu habitat natural na floresta tropical amazônica de terra firme. Considerada uma das maiores árvores da flora brasileira, pode chegar a 50 metros de altura e ter uma base com 2 metros de diâmetro. Trata-se de uma espécie com ciclo de vida longo, sendo existentes na natureza exemplares com mais de quatrocentos anos e até mil anos. Popularmente chamados de ouriços, seus frutos são cápsulas lenhosas que podem pesar até 1,5 quilo. Ao despencarem do topo das árvores, não raro racham na queda. Podem conter de 15 a 34 castanhas. Rico em proteínas, vitaminas e selênio, esse é um dos produtos de extrativismo de maior importância socioeconômica para as populações tradicionais. Estima-se que o Brasil tenha 300 milhões de hectares de castanhais. De acordo com a Embrapa (Empresa Brasileira de Pesquisa Agropecuária), a cadeia da castanha no Brasil envolve mais de 60 mil famílias de povos e comunidades tradicionais, cerca de cem organizações comunitárias e aproximadamente sessenta empresas de beneficiamento e comercialização. A demanda é crescente — aumentou 700% nos últimos quinze anos — e o mercado mundial movimenta de 300 milhões a 400 milhões de dólares. Apesar de o Brasil ser o maior produtor primário, ocupa o sexto lugar no mercado internacional da castanha descascada e beneficiada. A Bolívia é o maior beneficiador, com quase 50% do mercado. Localmente, as castanhas costumam ser consumidas cruas, momento em que são tenras e leitosas como um coco. No Ver-o-Peso, em Belém, é bonito observar as quebradeiras na coreografia em que desferem golpes de facão contra a casca dura. Nas agroindústrias, as castanhas passam por uma secagem, para aumentar a vida de prateleira. Além de consumidas in natura, também são usadas para a produção de óleo e leite, e o ouriço é usado como combustível e na fabricação de objetos. Como grande parte do fornecimento de castanha-do-brasil provém da coleta em habitat natural, a conservação das florestas é fundamental para a produção desse ingrediente e a manutenção da cultura alimentar.

Also known as Pará nut, its natural habitat is the dry land areas of the Amazon Rainforest. Considered one of the largest trees of the Brazilian flora, it can reach 50 meters in height, and the base of the trunk can reach 2 meters in diameter. It has a long life cycle, and specimens between 400 and 1,000 years old have been found in the native forest. Popularly called ouriços *[literally, hedghogs], its fruit consists of woody shells that can weigh up to 1.5 kilos. When they fall from the top of the trees, they often crack open the moment they hit the ground. They may contain 15 to 34 nuts. Rich in proteins, vitamins and selenium, this is one of the products extracted from the forest of greatest socioeconomic importance to traditional populations. It is estimated that Brazil has 300 million hectares of Brazil nut groves. According to Embrapa (Brazilian Agricultural Research Corporation), the Brazil nut supply chain involves more than 60,000 families of traditional peoples and communities, about a hundred community organizations and approximately sixty processing and marketing companies. Demand is growing —it has increased by 700% over the last fifteen years— and the world market is worth between US$300 million to US$400 million. Although Brazil is the largest primary producer, it ranks sixth in the international market for peeled and processed nuts. Bolivia is the largest processor, with almost 50% of the market. Locally, Brazil nuts are usually consumed raw, when they are tender and milky like a coconut. In Ver-o-Peso Market, in Belém, the* quebradeiras *[breakers] are a beautiful sight, with their choreographed movements as they strike the hard shell of the fruit with machetes to open them. In agribusinesses, the nuts are dried to increase their shelf life. In addition to being consumed raw, they are also used for the production of oil and milk, and the* ouriço *is used as fuel and in the manufacture of craft objects. As such a high percentage of the Brazil nuts supply is collected from their natural habitat, the conservation of forests is fundamental for the production of this ingredient and for keeping the food culture alive.*

Tenho 35 anos, nasci e me criei na região. A gente nunca tinha ficado sem castanha. Tem ano que o preço até cai, de tanta castanha. Em outros, dá menos. Mas é um menos que tu consegue tirar e guardar pra família. Esse ano foi muito surpreendente. Imagina tu olhar pro mato e não ter nem pro consumo? O castanhal do pai dá de 80 a 100 caixas [de 22 quilos], mas este ano não deu nada. Meu avô conta que em época boa tirava 1.200 caixas.

A mãe sempre guarda castanha pro nosso consumo durante o ano. Porque tudo é no leite da castanha: o peixe, a caça, o vinho do taperebá — que o pai só gosta feito com o leite da castanha. Mas esse ano, até agora, a gente não conseguiu comer nada no leite da castanha.

Até fruta, este ano, deu tudo errado. Muita manga atacada por um bichinho que derruba o fruto fora do tempo e ele não amadurece. Ano passado, a safra do patauá foi reduzida também. Tá tudo mudado, o tempo tá mudado. Aí, quando começa a chover, chove como foi em fevereiro. A gente nunca tinha visto tanta chuva assim.

A castanha é a nossa maior geração de renda na comunidade. Trinta e duas famílias entregam produtos nesta miniusina [que existe desde 2015] e doze pessoas trabalham no beneficiamento. Antes, a gente só trabalhava com a castanha in natura. Tirava no mato e já vendia direto pro regatão, sem beneficiar. A miniusina foi uma mudança muito grande, teve um impacto positivo, melhorou a qualidade do produto. Gerou emprego e aumentou a renda da comunidade. As famílias puderam fazer uma casa melhor, colocar placa solar, gerador, comprar uma rabeta, uma embarcação. [Quando a safra é boa] A gente beneficia 4 mil quilos de castanha num ano. Agora, com a falta da castanha, vai ser bem difícil. Estamos nos adaptando pra ver o que fazer. Tentando desidratar outras frutas. Acho que a gente vai focar muito nisso. Tem que diversificar, pra ter uma segurança, uma fonte de renda. Peixe está difícil também. Os pescadores não tão conseguindo pescar porque o rio encheu muito por conta do clima.

Raimunda Rodrigues é extrativista e líder da miniusina de processamento de castanha-do-brasil na Resex Iriri.

Raimunda Rodrigues

I am 35 years old, I was born and raised in the region. We had never been without Brazil nuts. There are years when the price actually drops, due to so many nuts. In others, the crop is less good. But at least there are enough to collect and keep for the family. This year was very surprising. Imagine looking at the forest and not even having enough for consumption? My father's nut grove yields from 80 to 100 boxes [of 22 kilos], but this year it gave nothing. My grandfather says that in good times he got 1,200 boxes.

My mother would always set aside enough nuts for our consumption to last the whole year. Because everything is made with Brazil nut milk: the fish, the game meat, the taperebá *wine —that my father only likes when it's made with Brazil nut milk. But this year, so far, we couldn't eat anything made with that milk.*

This year, even the fruit is no good. A lot of mangos are being attacked by a pest that causes the fruit to drop before it is ripe. Last year, the patauá *crop was small as well. Everything has changed, the weather has changed. You know, when it starts to rain, it rains like it did in February. We had never seen as much rain as that.*

The Brazil nut is our community's biggest source of income. Thirty-two families deliver the products to this mini-processing plant [which has existed since 2015] and twelve people work on processing them. Before, we only worked with the raw nuts. We collected them from the forest and sold them directly to the middleman, without processing them. The mini-plant was a very big change. It had a positive impact, improved the quality of the product. It generated employment and increased the community's income. Families could build a better house, install solar panels, generators, buy a rabeta *[an outboard motor], a boat. [When the crop is good,] We process 4,000 kilos of Brazil nuts in a year. Now, as the crop has failed, it's going to be really difficult. We are adapting to see what we can do. Trying to dehydrate other fruits. I think we will focus a lot on that. We have to diversify, to have security, a source of income. Fishing is difficult as well. The fishermen haven't been able to fish because the river has flooded a lot because of the climate.*

Raimunda Rodrigues *is an* extractivist *and leader of the Brazil nut processing mini-plant in the Iriri Resex.*

soberania alimentar. Quando começa a safra, Francisca das Chagas, mãe de Raimunda, faz uma provisão para o ano inteiro, de modo a garantir o consumo familiar. Quando estávamos em sua casa, destinou parte dessas castanhas para nos ensinar a fazer manzape, um bolo tradicional preparado com massa de mandioca pubada (veja receita à p. 109). Raimunda conta que na cozinha da casa de sua mãe tudo se faz com leite da castanha: o peixe, a caça e o vinho de taperebá.

O extrativismo de castanha gera renda para 32 famílias no entorno da Comunidade Rio Novo. Num ano de safra normal, que dura quatro meses, cerca de 60 quilos são quebrados por dia. No trajeto para um castanhal no qual os Chagas coletam, encontramos apenas dois ouriços. Marcelo chama atenção para a "estranha calmaria". O normal, segundo ele, seria cruzarmos com vários extrativistas em atividade. Com a crise nos castanhais, Raimunda e seus familiares cogitam se concentrar nas frutas desidratadas, já que o clima afetou até a pesca: "O rio encheu demais e não tem peixe".

When the harvest begins, Francisca das Chagas, Raimunda's mother, sets aside a store of the nuts for the whole year, in order to ensure the household consumption. When we were in her house, she set aside some nuts to teach us how to make manzape*, a traditional cake prepared with* pubada *cassava dough (see recipe on p. 109). Raimunda says that in the kitchen of her mother's house everything is prepared with Brazil nut milk: the fish, the game meat and the* taperebá *wine.*

Brazil nut extractivism *generates an income for 32 families in the area surrounding the Rio Novo community. In a year with a normal harvest, which lasts four months, about 60 kilos of nut pods are opened every day. On the way to a Brazil nut grove in which the Chagas collect the pods, we found only two of them. Marcelo calls attention to the "strange calm." According to him, we would normally cross paths with several active* extractivists*. With the crisis affecting the Brazil nut groves, Raimunda and her family are thinking about focusing on dehydrated fruits, since the climate has affected even the fishing: "The river flooded too much and there are no fish."*

Não existe floresta onde não tem humano. O povo tradicional sabe cuidar da floresta; os grandes fazendeiros, não.

RAIMUNDA RODRIGUES

There is no forest where there are no humans. The traditional peoples know how to take care of the forest; the big farmers do not.

Com mais acesso às informações e facilidade na comunicação, os atuais líderes comunitários estão enfrentando a mudança climática ao mesmo tempo que seguem tendo de reivindicar direitos básicos ainda negligenciados. Se antes a briga era pela educação primária, hoje a luta é pelo ensino médio presencial. Raimunda se viu obrigada a morar em Altamira para que os filhos pudessem concluir a formação escolar. Na conversa conosco, fez um relato tocante: "Sempre levo os meus filhos para a Resex. Não quero que percam nossa cultura ribeirinha. É difícil um adolescente que viveu na cidade querer retornar depois. Mas nós somos os grandes guardiões da floresta, e a mata precisa dos povos tradicionais que sabem viver do extrativismo e da agricultura familiar. Quando vamos tirar castanha, copaíba e cumaru, a gente vigia a terra. Sabemos quem entrou, quem pisou. Onde a gente vive, meu avô criou o meu pai; e o meu pai nos criou com a pesca, a castanha e a mandioca. Se olhar para a floresta, você vai ver a floresta em pé. A gente soube morar e cuidar ao mesmo tempo".

With more access to information and ease of communication, current community leaders are facing up to climate change while having to claim their basic rights, which are still neglected. If before the fight was for primary education, today the struggle is for face-to-face high schools. Raimunda was forced to live in Altamira so that her children could complete their school education. During her conversation with us, she told us a touching tale: "I always bring my children to the Resex. I do not want them to lose touch with our riverine culture. It is difficult for a teenager who has lived in the city to want to return later. But we are the great guardians of the forest, and the forest needs the traditional peoples who know how to live from extractivism *and family agriculture. When we collect Brazil nuts,* copaíba *and* cumaru*, we keep watch on the land. We know who entered the land, who walks in it. Where we live, my grandfather raised my father; and my father raised us with fishing, Brazil nuts, and cassava. If you look at the forest, you will see the forest standing. We knew how to live in it and care for it at the same time."*

Nesta página de cima para baixo, em sentido horário, a extrativista Raimunda Rodrigues; doce de abóbora feito com leite de castanha; ouriços recém-quebrados. Na dupla de páginas seguinte, paisagens na Resex Rio Novo.
On this page, from top to bottom, clockwise, extractivist *Raimunda Rodrigues; pumpkin jam made with nut milk; freshly cracked* ouriços [*nut pods*]. *On the next double-page spread, landscapes in the Rio Novo Resex.*

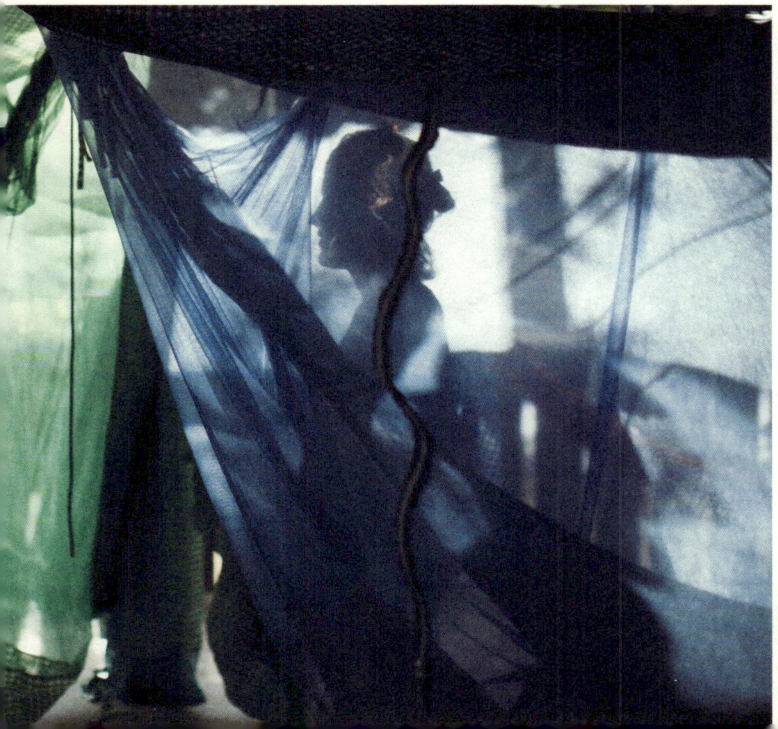

Bel e a extrativista Raimunda Rodrigues.
Bel and extractivist *Raimunda Rodrigues.*

Raimunda e tantos outros ribeirinhos com quem cruzamos batalham pelo direito de se relacionar com o meio ambiente.* A floresta e seus ecossistemas são, afinal, fruto da interação dos povos originários com a natureza, num processo que o arqueólogo Eduardo Góes Neves chama de "patrimônio biocultural". Tal interação foi responsável pelo surgimento das "terras pretas de índio", associadas ao manejo de restos orgânicos que transformaram regiões de solo pobre em terras muito férteis e bastante procuradas pelos agricultores por seu potencial de cultivo.

Sabe-se também que muitas das espécies nativas da Amazônia foram disseminadas há cerca de 12 mil anos pelos ancestrais dos povos indígenas, que selecionavam plantas e carregavam sementes consigo ao migrarem de um território a outro. Estudo publicado em 2013 pela revista *Science* mostrou que das 16 mil espécies de árvores da Amazônia, 227 (1,4% do total) correspondem a quase metade de todas as árvores do bioma: são as hiperdominantes. Entre elas, estão plantas com grande importância econômica e simbólica para o Brasil, como o açaí, a castanha-do-pará, a seringueira e o cacau.

Este último (leia sobre o ingrediente à p. 97), aliás, tem apontado novos caminhos e possibilidades para uma região mais degradada da Amazônia, a Transamazônica, onde parte considerável da população é de pequenos agricultores familiares que migraram com a promessa do governo militar de terem terra para produzir. Marcelo relaciona a explosão do cacau na região à força dos movimentos sociais, observando que a cultura não é apropriada para o agronegócio. Ela exige manuseio e cuidado diário e, portanto, vai melhor com o pequeno produtor, como vimos nas duas propriedades a que fomos: a de Pedro Pereira Lima e a de Miriam Federicci Vieira.

Nascido em Linhares, no Espírito Santo, Pedro migrou para Medicilândia em 1977, com a esposa, Helena Vieira. Plantou cana-de-açúcar e pimenta-do-reino antes de cultivar cacau. Aguerrido distribuidor de mudas e defensor do uirapuru, diz que em sua metodologia de trabalho "a lavoura de cacau não tem só cacau", o que atrai uma di-

Raimunda and so many other riverine dwellers who we met battle for the right to relate to the environment. The forest and its ecosystems are, after all, the result of the interaction of the original peoples with nature, in a process that archaeologist Eduardo Góes Neves calls "bio-cultural heritage." Such interaction was responsible for the emergence of "indigenous black lands," associated with the management of organic remains that transformed areas of poor soil into very fertile land and much sought after by farmers for their potential for cultivation.*

It is also known that many of the native species of the Amazon were disseminated about 12,000 years ago by the ancestors of the indigenous peoples, who selected plants and carried seeds with them when migrating from one territory to another. A study published in 2013 in the magazine Science *showed that of the 16,000 tree species in Amazonia, 227 (1.4% of the total) correspond to almost half of all the trees in the biome: they are the hyperdominant ones. Among them are plants of great economic and symbolic importance for Brazil, such as açai, the Brazil nut, the rubber tree, and cacao.*

The latter (read about the ingredient on p. 97), in fact, has shown new paths and possibilities for a more degraded region of the Amazon, the Trans-Amazonian Highway, where much of the population consists of small family farmers who migrated to the region, encouraged by the military government's promise that they would have land to produce. Marcelo relates the cacao explosion in the region to the strength of social movements, noting that this culture is not appropriate for agribusiness. It requires daily attention and care and therefore is more appropriate to the small farmer, as we saw in the two properties we went to —Pedro Pereira Lima's and Miriam Federicci Vieira's.

Born in Linhares, in the state of Espírito Santo, Pedro migrated to Medicilândia in 1977 with his wife, Helena Vieira. He planted sugarcane and black pepper before cultivating cacao. A keen distributor of seedlings and defender of the uirapuru [Cyphorhinus arada, *a species of bird native to the region], he says that in his work approach "cacao cultivation does not have just cacao," which attracts*

* As diferenças entre **preservacionismo** e **conservacionismo** estão relacionadas a abordagens distintas, ou paradigmas, de proteção da natureza. O preservacionismo defende a proteção integral da natureza, sem interferência humana, apostando na manutenção de seu estado original como estratégia de proteção. Já o conservacionismo defende o uso racional e sustentável dos recursos naturais, admitindo a ação humana para a manutenção da biodiversidade e dos ecossistemas.

The differences between ***preservationism*** *and* ***conservationism*** *are related to different approaches, or paradigms, of nature protection. Preservationism defends the protection of nature as a whole, without human interference, betting on the maintenance of its original state as a protection strategy. Conservationism, on the other hand, defends the rational and sustainable use of natural resources, admitting human action to maintain biodiversity and ecosystems.*

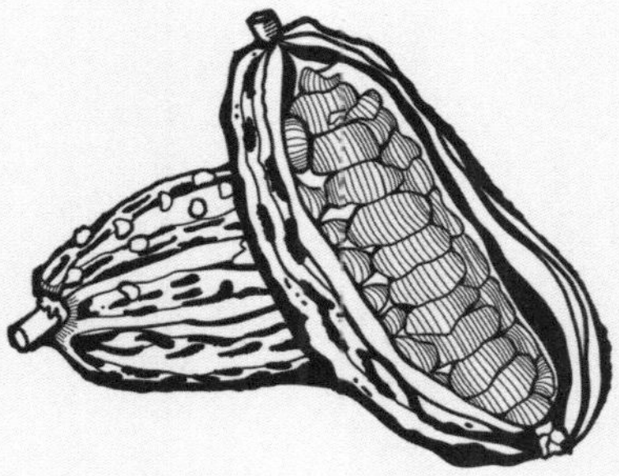

Cacau

Theobroma cacao

Nativo das matas de terra firme, o cacaueiro é considerado uma das espécies hiperdominantes da Amazônia. Sabe-se, por meio de estudos de vestígios microscópicos em sítios arqueológicos, que ele já era cultivado há mais de 4 mil anos na parte andina da Bacia Amazônica, localizada no Equador, Peru, Colômbia e Venezuela. Dali, foi transportado para a América Central e para outras regiões da América do Sul. Atualmente, é cultivado em praticamente todos os ambientes de floresta tropical do mundo — Amazônia, Mata Atlântica, América Central e Caribe, África Ocidental e Sudeste Asiático. De estatura média, o cacaueiro não costuma passar dos 6 metros de altura. Produz frutos de casca espessa, de formato oval e coloração que varia, dependendo da variedade, do verde ao roxo e do amarelo ao laranja, à medida que amadurecem. Em seu interior, encontra-se uma polpa fina, branca, doce, ácida e muito aromática, envolvendo de vinte a quarenta sementes (amêndoas). Pode ser consumido in natura, puro, em sucos e sorvetes. Assim que são abertas, as bagas liberam um líquido, chamado de mel de cacau, extremamente doce e ácido, bastante usado na gastronomia. Para a produção de chocolate, ainda no campo, extraem-se as amêndoas junto da polpa. Durante esse processo é preciso tomar cuidado para não golpear e ferir as sementes, o que pode comprometer a qualidade da fermentação — as cascas são deixadas para se decompor sob as árvores e realimentar o solo, num processo de reciclagem de nutrientes. A partir desse momento, as amêndoas podem ter dois destinos que impactam no produto final: a secagem e a venda para grandes moageiras multinacionais como cacau "bulk" (de baixa qualidade, com valor bem menor) ou o transporte para cochos de fermentação para se transformar em cacau fino, com maior valor agregado. As que são levadas para os cochos passam por fermentação alcóolica e acética por sete a oito dias e depois seguem para as barcaças (grandes estufas com teto retrátil), onde são revolvidas diariamente e secam por mais cinco dias. Já na fábrica de chocolate as

Native to the dry-land forests, the cacaueiro [*cacao tree*] *is considered one of the hyperdominant species in Amazonia. It is known, through studies of microscopic traces in archaeological sites, that it was already cultivated 4,000 years ago in the Andean part of the Amazon Basin, located in Ecuador, Peru, Colombia, and Venezuela. From there, it was transported to Central America and other regions of South America. Currently, it is grown in virtually all rainforest environments in the world —the Amazon, the Atlantic Forest, Central America and the Caribbean, West Africa, and Southeast Asia. The medium-sized cacao tree does not usually exceed 6 meters in height. It produces thick-skinned, oval-shaped fruit pods that vary in color depending on the variety, from green to purple and yellow to orange as they mature. Inside, there is a fine, white, sweet, acidic and very aromatic pulp which envelopes twenty to forty seeds (beans). It can be consumed raw, pure, in juices, and ice creams. As soon as they are opened, the fruit pods release a liquid, called cacao honey, which is extremely sweet as well as acidic and is widely used in gastronomy. In order to produce chocolate, the beans are extracted together with the pulp while still in the field. During this process, care must be taken not to strike and damage the beans, which can affect the quality of the fermentation —the empty pods are left to decompose under the trees and feed the soil in order to recyle nutrients. From that moment on, there are two destinations available for the beans which impact the final product: drying and selling to large multinational mills as bulk cacao (low quality, with a much lower value) or transport to fermentation troughs to be transformed into fine cocoa, with a higher added value. Those which are taken to the troughs undergo alcoholic and acetic fermentation for seven to eight days and are then transferred to the* barcaças (*large greenhouses with retractable roofs*), *where they are turned daily and dry for another five days. When they reach the*

amêndoas são torradas, descascadas (quando passam a ser chamadas de "nibs de cacau") e moídas para a fabricação do chocolate.

Planta que se beneficia do cultivo sombreado, o cacau frequentemente é plantado em consórcio com outras culturas ou em sistemas agroflorestais, como a cabruca. Nesta, o cacau é cultivado no sub--bosque da mata, o que proporciona a conservação da cobertura florestal nativa, dos recursos hídricos, do solo e da fauna associada. A base da produção do cacau mundial é a agricultura de pequena escala, por ser um cultivo que exige muitos cuidados e dedicação. Estima-se que de 5 milhões a 6 milhões de famílias de pequenos agricultores, cujas propriedades são menores que 10 hectares, produzam 90% do cacau mundial. De acordo com a FAO (Organização das Nações Unidas para a Alimentação e a Agricultura), a produção mundial de cacau, em 2022, foi de aproximadamente 5,5 milhões de toneladas. O maior produtor mundial é a Costa do Marfim, com 40% da produção, que, junto de Gana (20%), Indonésia (12%), Equador (6%), Camarões (5,4%), Nigéria (5%) e Brasil (4,9%), constitui o grupo responsável por quase 95% da produção mundial. Hoje, no Brasil, a Amazônia tem papel de destaque na produção de cacau, sendo o estado do Pará responsável por mais de 50% da produção nacional. O município de Tomé-Açu é referência no desenvolvimento de sistemas agroflorestais com cacaueiros no Brasil. Lá, há mais de cinquenta anos imigrantes japoneses cultivam cacau inspirados na diversidade da floresta, consorciando a cultura com açaí, castanha, taperebá e outras espécies e transformando solos considerados de baixa fertilidade em grandes áreas produtivas. O grande centro de produção de cacau do Pará, por sua vez, é a região Transamazônica. Em uma extensão de quase 700 quilômetros ao longo da rodovia nacional BR-230, onze municípios são responsáveis por 85% de toda a produção paraense.

chocolate factory, the beans are roasted, peeled (at this point they are called cocoa nibs) and ground to make chocolate.

A plant that benefits from shaded cultivation, cacao is often planted together with other crops or in agroforestry systems such as cabruca. *In the* cabruca *system, the cacao trees are grown in the forest's understory, which conserves the native forest cover, water resources, soil, and associated fauna. The basis of the world's cacao production is small-scale agriculture, as it is a crop that requires a lot of care and dedication. It is estimated that from 5 million to 6 million smallholder families cultivating properties smaller than 10 hectares in size produce 90% of the world's cacao. According to the FAO (the UN's Food and Agricultural Organization), the total world cacao production in 2022 was approximately 5.5 million tons. The world's largest producer is the Ivory Coast, responsible for 40% of production, which, together with Ghana (20%), Indonesia (12%), Ecuador (6%), Cameroon (5.4%), Nigeria (5%), and Brazil (4.9%), forms the group of countries responsible for almost 95% of the world's production. Nowadays, in Brazil, Amazonia has a prominent role in the production of cacao, with the state of Pará being responsible for more than 50% of the country's production. The municipality of Tomé-Açu is a reference in the development of agroforestry systems with cacao trees in Brazil. There, for more than fifty years, Japanese immigrants have cultivated cacao inspired by forest diversity, intercropping the culture with açai, Brazil nuts,* taperebá *and other species, and transforming soils with poor fertility into large productive areas. In Pará, the most important region for cacao production is the Trans-Amazonian Highway area. Extending for almost 700 kilometers along the highway BR-230, eleven municipalities are responsible for 85% of all the state's production.*

versidade de pássaros. Ao nos mostrar o quintal produtivo nos fundos de sua casa, à margem da Transamazônica, conta sobre a área preservada que adquiriu com a finalidade de proteger o território do uirapuru, conhecido pela capacidade de atrair outras aves com sua melodia. Seis casais de uirapuru já foram avistados ali.

Pedro produz 26 híbridos de cacau no sistema conhecido como "cabruca" — com sombreamento pela mata nativa — e em outro modelo que ele chama de "roça sem queimar", no qual o mato é removido; e, em meio aos cacaueiros, cultiva espécies de maior porte, como copaíba, taperebá, andiroba e mogno brasileiro. Fermentadas, as amêndoas de Pedro rendem um cacau fino, de qualidade superior. Dez por cento delas são beneficiadas na Cacauway, fábrica de chocolate da Coopatrans (Cooperativa Agroindustrial da Transamazônica), construída em 2010 com recursos do FunCacau (Fundo de Apoio à Cacauicultura do Estado do Pará). Na Cacauway, de 5% a 10% das 600 toneladas de amêndoa produzidas anualmente por quarenta cacauicultores cooperados viram chocolate fino. A engenheira agrônoma Hélia Félix, responsável técnica da primeira fábrica de chocolate da Amazônia, conta que a demanda vem crescendo e que será necessário aumentar a produção.

Até pouco tempo atrás, todo o cacau da região era "bulk", não fermentado, de baixa qualidade. Os agricultores o colhiam ou muito maduro ou verde, ou, ainda, acometido pela vassoura de bruxa (doença causada por um fungo) ou atacado por insetos. Quebravam, secavam e vendiam para as grandes moageiras controladoras do comércio mundial, como a Barry Callebaut, a Cargill e a Ofi (antiga Olam) — o cacau fino corresponde a apenas 3% a 5% da produção mundial. A abertura da Cacauway levou à melhoria da qualidade do cacau da Transamazônica. Com cacau ruim, não se faz chocolate fino. O protocolo demanda colher o fruto na maturação ideal, ter cuidado ao quebrá-lo, fermentar e secar corretamente.

Tamanho esforço recompensa. Ao agregar qualidade ao cacau por meio da fermentação seu valor pode aumentar até 100%. Miriam Federicci Vieira, que planta o

a diversity of birds. While showing us the productive backyard to the rear of his house next to the Trans-Amazonian Highway, he tells us about the preserved area he acquired in order to protect the territory of the uirapuru, *known for its ability to attract other birds with its melody. Six pairs of* uirapuru *have already been spotted there.*

Pedro produces 26 cacao hybrids using the system known as cabruca *—where the native forest shades the cacao trees— and in another model that he calls "cultivate without burning," in which the scrub is removed; and amongst the cacao trees, he cultivates larger species such as* copaíba, taperebá, andiroba, *and Brazilian mahogany. Fermented, Pedro's cacao beans yield a fine cocoa of superior quality. Ten percent of them are processed in Cacauway, the chocolate factory owned by Coopatrans (Trans-Amazonian Agroindustrial Cooperative), built in 2010 with resources from FunCacau (Cacao Culture Support Fund of the State of Pará). At Cacauway, 5% to 10% of the 600 tons of cacao beans produced annually by 40 cacao growers who are members of the cooperative are turned into fine chocolate. Agronomist Hélia Félix, technical manager of the first chocolate factory in Amazonia, says that demand has been growing and that they will need to increase production.*

Until recently, all cacao in the region was bulk —unfermented and of low quality. Farmers harvested it either very ripe or green, or even affected by witch broom (a disease caused by a fungus) or attacked by insects. They broke the pods, dried the beans and sold them to the big mills controlling the world cacao trade, such as Barry Callebaut, Cargill and Ofi (formerly Olam) —fine cacao accounts for only 3% to 5% of world production. The opening of Cacauway led to an improvement in the quality of the cacao cultivated along the Trans-Amazonian Highway. Fine chocolate cannot be made with poor quality cocoa. The protocol requires harvesting the fruit at ideal ripeness, taking care when breaking it, fermenting, and drying it correctly.

Such effort pays off. By improving the quality of the cacao beans through fermentation, their value can increase by up to 100%. Miriam Federicci Vieira, a member of Coo-

> Vocês vão ter o prazer de encostar na sumaúma e sentir a água dela circulando que nem o sangue nas veias da gente.
>
> **PEDRO PEREIRA LIMA**
>
> *You will have the pleasure of touching the* sumaúma *and feeling the water flowing through it like the blood in our veins.*

De cima para baixo, em sentido horário, o cacauicultor Pedro Pereira Lima com o neto Anthony Vieira da Silva; travessão da rodovia Transamazônica; cacho de banana que Pedro coloca para os pássaros na entrada de casa.
From top to bottom, clockwise, cacao farmer Pedro Pereira Lima with his grandson Anthony Vieira da Silva; a travessão [unpaved section] of the Trans-Amazonian Highway; a bunch of bananas that Pedro places for the birds at the entrance to his house.

Em sentido horário, plantação de cacau em Medicilândia; liquor de cacau e bombons de chocolate na fábrica da Cacauway, em Medicilândia. Na dupla de páginas anterior, cenas do cultivo de cacau em Medicilândia e com os cacauicultores Miriam Federicci Vieira, Maria da Penha Federicci e Pedro Pereira Lima.
Clockwise, cacao plantation in Medicilândia; cocoa liqueur and chocolate bonbons at the Cacauway factory in Medicilândia. On the previous double-page spread, scenes from cacao farming in Medicilândia, featuring cacao farmers Miriam Federicci Vieira, Maria da Penha Federicci, and Pedro Pereira Lima.

fruto com a família no sítio Bela Vista, em Medicilândia, e faz parte da Coopatrans, diz que é preciso ser minucioso desde a derrubada do fruto: "Senão, não fermenta bem". Ela e o esposo, Leomar Viera, até pouco tempo atrás vendiam apenas para atravessadores e grandes moageiras. Agora sabem que, fermentando, terão amêndoas de qualidade, com melhor retribuição financeira. A dedicação e as experiências feitas pelo casal em algumas áreas de cultivo começaram a dar resultado quando eles passaram a ter amostras premiadas. Em 2022 e 2023, tiraram o segundo lugar no Concurso Nacional de Cacau; e em 2024, o primeiro. Em 2023, ficaram entre os cinquenta melhores do mundo, entre as 122 amostras competidoras no Cacao of Excellence, um selo de excelência mundial na produção de cacau, entregue por avaliação do Comitê Nacional de Qualidade de Cacau Especial e do Centro de Inovação do Cacau.

Ao nos contar sobre como a cultura do cacau impactou a vida familiar e a ajudou a enfrentar a perda do pai, Miriam se emociona. As amostras premiadas são provenientes de hastes selecionadas do último roçado de cacau plantado pelo pai dela, Ademir Federicci, o Dema, importante líder sindical da região assassinado em 2001. Dema é mais um número na estatística que coloca o Brasil entre os países mais perigosos do mundo para ambientalistas: dos trezentos casos de ativistas executados em conflitos relacionados ao uso da terra e recursos naturais no bioma apenas catorze chegaram a julgamento na última década, segundo levantamento do Human Rights Watch. (Leia o depoimento de Miriam à p. 106.)

Em seu relato sobre como o Fundo Dema* beneficiou a Cacauway por meio da implantação de uma usina de beneficiamento de castanha-do-brasil na cooperativa, Maria da Penha Federicci, mãe de Miriam, reforça que jamais haverá reparação para a perda do esposo, mas que ao menos "o nome dele nunca morrerá".

patrans who plants the fruit with her family at the Bela Vista smallholding in Medicilândia, says that one must be very careful as soon as the fruit pods are collected: "Otherwise, they do not ferment well." She and her husband, Leomar Viera, until recently sold only to middlemen and large mills. Now they know that by including the fermentation stage, they will have quality beans which can be sold at a higher price. The couple's dedication and the experiments they carried out in some cultivation areas started to show results when they began to produce award-winning samples. In 2022 and 2023, they took second place in the National Cacao Competition; in 2024, they achieved first place. In 2023, they were among the 50 best in the world, among the 122 competing samples in the Cacao of Excellence, a seal of world excellence in cocoa production, delivered and evaluated by the National Committee for Quality of Special Cacao and the Cacao Innovation Center.

When telling us about how cacao cultivation has had an impact on family life and helped her overcome the loss of her father, Miriam becomes emotional. The award-winning samples come from selected stems from the last cacao crop planted by her father, Ademir Federicci, or Dema, an important trade union leader in the region who was murdered in 2001. Dema is another number in statistics that puts Brazil among the most dangerous countries in the world for environmentalists: of the three hundred cases of activists executed in conflicts related to land use and natural resources in the biome, only fourteen have come to trial in the last decade, according to a Human Rights Watch survey. (*Read Miriam's testimonial on p. 106.*)

In her account of how the Dema Fund has benefited Cacauway through the implementation of a Brazil nut processing plant in the cooperative, Maria da Penha Federicci, Miriam's mother, makes it clear that the loss of her husband will never be redressed, but that at least "his name will never die."*

* O **Fundo Dema** foi criado em 2003 para homenagear o líder sindical Ademir Federicci, assassinado em 2001, em Altamira, depois de denunciar a extração ilegal de madeiras em terras indígenas. O dinheiro obtido com a venda de 6 mil toras de mogno, madeira nobre apreendida pelo Ibama, compôs o fundo fiduciário de justiça socioambiental. Desde então, o rendimento do fundo é usado para apoiar projetos socioambientais de povos indígenas, quilombolas, comunidades extrativistas, ribeirinhas e da agricultura familiar.

***Dema Fund** was created in 2003 to honor trade union leader Ademir Federicci, assassinated in 2001 in Altamira, after denouncing illegal logging in indigenous lands. The money obtained from the sale of 6,000 mahogany logs, a hard wood seized by Ibama, was used to set up the trust fund dedicated to socio-environmental justice. Since then, the fund's income has been used to support socio-environmental projects for indigenous peoples, quilombolas, extractivist and riverine communities, and family agriculture.*

Minha mãe veio do Espírito Santo, nos anos 1980, num pau de arara, com o pai e treze irmãos. Lá, plantavam café "de meia". Foram morar no km 70 Norte, perto da Transamazônica, e ela conheceu o meu pai. Ele veio do Paraná com mais três famílias. Se casaram e compraram esta terra. Naquele tempo, já estava começando o plantio de cacau, mas não era valorizado. Mesmo assim, o pai acreditou.

O pai já era da luta, ativo nos movimentos sociais, fundou o Sindicato dos Trabalhadores Rurais e foi vereador em Medicilândia. Vai fazer 24 anos que ele foi assassinado. Poucos dias antes da morte dele, fazendo visitas no Xingu, viu muita madeira descendo rio abaixo, toras contrabandeadas. Foi bem na época que estavam fazendo a Belo Monte. A gente acredita que, por defender tanto a natureza, foi assassinado. Depois da morte dele, a madeira foi apreendida e criaram o Fundo Dema.

Anos atrás, um técnico da Emater incentivou meu esposo a olhar os pés de cacau que o meu pai tinha plantado. Ver se algum se destaca, pra tirar hastes e fazer a enxertia. Com o cacau enxertado, a qualidade melhora; e o preço, eleva. Meu esposo sempre quis produzir cacau de melhor qualidade num espaço menor. Quando chegaram os enxertados, achou que essa ideia ia dar certo. E deu!

Por quatro anos fez um experimento em onze árvores. Em 2022, ficamos em segundo lugar no Concurso Nacional de Cacau. Uma amostra foi para o mundial [Cocoa of Excellence Awards] e ficou entre os cinquenta melhores do mundo. Em 2023, o Alvorada 3 tirou o segundo lugar no concurso nacional. E em 2024, o Alvorada 1 ficou em primeiro!

O mesmo cacau que antes a gente só quebrava e vendia com preço baixo pros atravessadores ou grandes indústrias, agora sabemos que fermentando sai um chocolate de qualidade, mais bem pago. Ano passado, tiramos 10 mil quilos de amêndoa, mas fermentamos 2,5 mil quilos. Não é todo tempo que a gente tem demanda de venda.

Miriam Federicci Vieira é cacaueira, associada da Coopatrans (Cooperativa Agroindustrial da Transamazônica) e filha do líder sindical Ademir Federicci, o Dema.

Miriam Vieira

My mother came from the state of Espírito Santo in the 1980s in an open truck, with her father and thirteen siblings. They planted coffee in a shared plot of land. They went to live at km 70 North, near the Trans-Amazonian Highway, and she met my father. He came from Paraná with three other families. They got married and bought this land. At that time, people were already starting to plant cacao, but it was not valued. Even so, my father believed in the crop.

My father was active in social movements, founded the Rural Workers Union and was a town councillor in Medicilândia. It will be 24 years since he was murdered. A few days before his death, when he was visiting Xingu, he saw a lot of timber coming down the river, the product of illicit logging. It was right at the time when they were constructing the Belo Monte [hydroelectric plant]. We believe that he was murdered because he was such a passionate defender of nature. After his death, the illegal timber was seized and the Dema Fund was set up.

Years ago, an Emater specialist encouraged my husband to look at the cacao trees my father had planted. To identify if any were better quality, to remove stems and graft them. When cacao trees are grafted, the quality improves and the price is higher. My husband always wanted to produce better quality cacao using less land. When the grafted trees arrived, he thought this idea was going to work. And it did!

For four years he experimented with eleven trees. In 2022, we were second in the National Cacao Competition. A sample was sent for the Cacao of Excellence Awards and was judged as one of the fifty best in the world. In 2023, the Alvorada 3 variety took second place in the national contest. And in 2024, Alvorada 1 was first!

Now we know that the same cacao beans that we used to break and sell to middlemen or large companies for a cheap price produce a quality chocolate when we ferment them, and get more for them. Last year, we harvested 10,000 kilos of cacao beans, but fermented 2,500 kilos. It is not all the time that there is demand.

Miriam Federicci Vieira *is a cacao producer, an associate member of Coopatrans (Trans-Amazonian Agroindustrial Cooperative) and daughter of union leader Ademir Federicci, known as Dema.*

Manzape

RECEITA **Francisca das Chagas**
RENDIMENTO **15 discos**

Em seu *Dicionário do folclore brasileiro*, Câmara Cascudo fala de um bolo tradicional feito com massa de mandioca fermentada, denso, conhecido em todo o Brasil, e o chama de pé de moleque, outro nome pelo qual Francisca das Chagas trata o seu bolo. O dela, porém, é incrementado com leite de castanha-do-brasil, que faz toda a diferença no sabor.

INGREDIENTES

3 kg de massa puba
1 ½ xícara de açúcar
1 pitada de cravo-da-índia
1 pitada de sal
3 xícaras de leite de castanha-do-brasil
2 ovos
1 colher (sopa) de gengibre ralado

PREPARO

1. Em uma bacia grande, ponha a massa puba bem drenada, o açúcar, o cravo-da-índia, o sal, o leite de castanha, os ovos e o gengibre ralado. Misture bem com as mãos até conseguir uma massa bem homogênea. Prove e, se achar necessário, ajuste a quantidade de açúcar — ao provar o seu, Francisca adicionou "mais um pouquinho porque o açúcar ficou muito longe".
2. Tampe a bacia com um pano e deixe descansar na geladeira de um dia para o outro (12 horas, em média). No dia seguinte, a massa estará mais enxuta e firme. Corte tiras de folha de bananeira e forme uma cruz, dispondo uma tira sobre a outra. Por cima, coloque porções de massa de maneira a formar discos com cerca de 10 centímetros. Dobre uma tira da folha de bananeira por cima da massa, depois a outra, formando pacotinhos. Leve ao forno a lenha, para assar, e coloque um pesinho sobre os discos — uma pedra ou pedaço de madeira, para não abrirem enquanto assam. Eles devem ser assados lentamente, para a massa não ficar dourada antes de cozinhar.
3. Quando estiverem mornos, remova as folhas de bananeira e sirva. Ficam perfeitos junto de uma xícara de café coado na hora — se for à beira do rio, ou navegando nele, ainda melhor!

Manzape

RECIPE BY ***Francisca das Chagas***
YIELDS ***15 discs***

In his Brazilian Folk Dictionary, *Brazilian historian Câmara Cascudo speaks of a traditional and dense cake made with fermented cassava dough which is known throughout Brazil, and he calls it* "pé de moleque" *[literally, "boy's foot"], another name which Francisca das Chagas also uses for her cake. Hers, however, is enhanced with Brazil nut milk, which makes all the difference to its taste.*

INGREDIENTS

3 kg of puba *dough*
1 ½ cups of sugar
a pinch of ground clove
a pinch of salt
3 cups of Brazil nut milk
2 eggs
1 tablespoon of grated ginger

PREPARATION

1. *In a large bowl, place the well-drained* puba *dough, the sugar, the ground clove, salt, the Brazil nut milk, the eggs, and the grated ginger. Mix well with your hands until the dough is homogenous. Taste and, if you think it is necessary, adjust the amount of sugar. When she tasted hers, Francisca added "a little more sugar because you can hardly taste it."*
2. *Cover the bowl with a cloth and let it rest in the refrigerator overnight (around 12 hours). On the next day, the dough will be smaller and firmer. Cut strips of banana leaf to form crosses by laying one strip on top of another. Place disk-shaped portions about 10 cm in diameter of the dough on top of each cross. Fold one strip of the banana leaf over the dough, then the other, forming little packets. Bake in a wood oven, and place a small weight on the discs —a stone or piece of wood, so they do not open while baking. They should be baked slowly, so that the dough does not form a golden crust before it is fully cooked.*
3. *When they have cooled a little, remove the banana leaves and serve. They are perfect with a cup of freshly ground coffee —even better if eaten on the bank of the river or in a boat!*

Chocobabaçu da Transamazônica

RECEITA **Hélia Félix** E **Bel Coelho**
RENDE **2 porções**

Chocobabaçu ou babalate foi criada em conjunto pela engenheira agrônoma Hélia Félix, responsável técnica da Cacauway, e Bel Coelho durante visita à fábrica. Em poucos minutos, as duas tiveram a ideia de dar cremosidade ao leite com a mistura pronta que usa dois dos principais produtos da região: o cacau em pó da Cooperativa de Agricultores da Transamazônica e a farinha de mesocarpo de babaçu da Rede de Cantinas da Terra do Meio.

INGREDIENTES

2 xícaras de leite fresco integral

1 xícara de mistura para bolo de babaçu com cacau Vem do Xingu

PREPARO

Em uma leiteira, ferva o leite. Transfira para o copo do liquidificador, junte a mistura para bolo de babaçu com cacau e bata. Se preferir, você também pode aerar a mistura usando um mixer. Quando estiver bem cremoso, transfira para uma xícara e sirva.

Trans-Amazonian chocobabaçu

RECIPE BY ***Hélia Félix*** ***AND*** ***Bel Coelho***
YIELDS ***2 servings***

Chocobabaçu, *or* babalate, *was created both by agronomist Hélia Félix, technical manager of Cacauway, and Bel Coelho, when she visited the factory. In a few minutes, the two came up with the idea of making milk creamier with the ready mix cake mixture that uses two of the main products of the region: cocoa powder from the Trans-Amazonian Agroindustrial Cooperative and* babaçu *mesocarp flour from the Terra do Meio Canteens Network.*

INGREDIENTS

2 cups of fresh full milk

1 cup of babaçu *cake mix with Vem do Xingu cocoa*

PREPARATION

Boil the milk in a pan. Transfer to the blender jar, add the mixture for babaçu *cake with cocoa and blend. If you prefer, you can also aerate the mixture using a mixer. When it is very creamy, transfer to a cup and serve.*

Espuma de chocolate, doce de bacuri, creme de cumaru e farofa de castanha-do-brasil

RECEITA **Bel Coelho**
RENDIMENTO **10 unidades**

Esta sobremesa leva dois dos meus ingredientes favoritos do bioma: bacuri e castanha-do-brasil. Brinca com as texturas e com sabores que têm muita personalidade, contrastando a acidez e o aroma do bacuri com a untuosidade e a personalidade do chocolate.

INGREDIENTES

PARA A ESPUMA DE CHOCOLATE

- 200 g de chocolate 70% em barra
- 100 g de manteiga
- 4 gemas
- 4 claras
- 4 colheres (sopa) de açúcar cristal
- 80 ml de água

PARA O DOCE DE BACURI

- 600 g de açúcar cristal
- 600 g de polpa de bacuri

PARA O CREME DE CUMARU

- 500 ml de creme de leite fresco
- 150 g de açúcar
- 4 folhas de gelatina
- 2 sementes de cumaru
- 100 g de gema pasteurizada

PARA A FAROFA DE CASTANHA-DO-BRASIL

- 200 g de farinha de rosca
- 300 g de castanha-do-brasil
- 40 g de açúcar cristal

PREPARO

1. Comece preparando a espuma de chocolate. Derreta o chocolate e a manteiga com a água. Junte o açúcar e as gemas. Bata bem e reserve. Leve as claras à batedeira e bata em ponto de neve. Incorpore-as cuidadosamente ao creme reservado.
2. Para fazer o doce de bacuri, ponha a polpa e o açúcar em uma panela e leve ao fogo. Espere ferver, mexendo sempre, até ficar com textura de geleia. Bata com um mixer, para conseguir um doce de textura homogênea.
3. Prepare o creme de cumaru. Em uma panela, coloque o creme de leite e as sementes de cumaru raladas, aqueça e reserve. Bata as gemas com açúcar na batedeira, até elas ficarem mais esbranquiçadas. Aos poucos, adicione a mistura de gemas na panela com o creme de leite e mexa sem parar. Misture aos poucos, para as gemas não talharem. Leve novamente ao fogo e mexa sempre até o creme atingir 74ºC. Junte as folhas de gelatina previamente hidratadas em água filtrada e gelo até dissolver. Esfrie o creme imediatamente fazendo um banho-maria invertido, sobre uma bacia com água e gelo.
4. Para fazer a farofa de castanha, comece processando-as em um processador. Em uma panela, ponha a castanha triturada, o açúcar e a farinha de rosca. Leve ao fogo, mexendo com cuidado para não queimar, até obter uma mistura com textura de farofa.
5. Para montar a sobremesa, coloque a espuma de chocolate em um sifão com duas cargas de gás, aqueça uma panela com água a 55ºC e deixe o sifão por 10 minutos, para que a espuma fique morna. Coloque o creme de cumaru e o doce de bacuri em sacos de confeiteiro e reserve. Em uma cuia, ponha o doce de bacuri, o creme de cumaru e cubra com a espuma. Finalize com a farofa doce e sirva.

Chocolate foam, bacuri *candy,* cumaru *cream, and Brazil nut* farofa

RECIPE BY **Bel Coelho**
YIELDS **10 servings**

This dessert takes two of my favorite ingredients from the biome: bacuri *and Brazil nut. It plays with textures and flavors that have a lot of personality, contrasting the acidity and aroma of* bacuri *with the richness and personality of chocolate.*

INGREDIENTS

FOR THE CHOCOLATE FOAM

- 200 g of bar chocolate 70%
- 100 g of butter
- 4 egg yolks
- 4 egg whites
- 4 tablespoons of granulated sugar
- 80 ml of water

FOR THE BACURI CANDY

- 600 g of granulated sugar
- 600 g of bacuri pulp

FOR THE CUMARU CREAM

- 500 ml of fresh dairy cream
- 150 g of sugar
- 4 leaves of gelatine
- 2 cumaru seeds
- 100 g of pasteurized yolk

FOR THE BRAZIL NUT FAROFA

- 200 g of toasted breadcrumbs
- 300 g of Brazil nuts
- 40 g of granulated sugar

PREPARATION

1. Start by preparing the chocolate foam. Melt the chocolate and butter with the water. Add the sugar and yolks. Beat well and set aside. Beat the egg whites in a mixer until soft peaks. Incorporate them carefully into the chocolate cream that has been set aside.
2. To make the bacuri candy, put the pulp and sugar in a pan and heat. Bring to the boil, stirring constantly until it jellies. Beat well with a mixer until you get a smooth texture.
3. Prepare the cumaru cream. Add the cream and grated cumaru seeds to a pan, heat and set aside. Beat the egg yolks with the sugar in the mixer until they start to turn off-white. Gradually add the egg yolk mixture to the saucepan with the cream and stir continuously. Mix gradually, so that the yolks do not curdle. Heat again and stir continuously until the cream reaches 74°C. Add the gelatin sheets previously hydrated in filtered water and ice until they dissolve. Cool the cream immediately over a bowl of iced water, doing an inverted bain-marie.
4. To make the Brazil nut farofa, start by grinding the nuts in a food processor. Put the ground nuts, sugar and toasted breadcrumbs in a pan. Heat the pan, stirring the mixture carefully so that it does not burn, until it has the texture of farofa.
5. To assemble the dessert, place the chocolate foam in a siphon with two loads of gas, heat a pan of water to 55°C and place the siphon in it for 10 minutes, so that the foam becomes warm. Place the cumaru cream and the bacuri candy in pastry bags and set aside. Put the bacuri candy and the cumaru cream in a bowl or a glass and cover with the foam. Finish with the sweet farofa and serve.

Bel com sementes de cacau.
Bel with cacao beans.

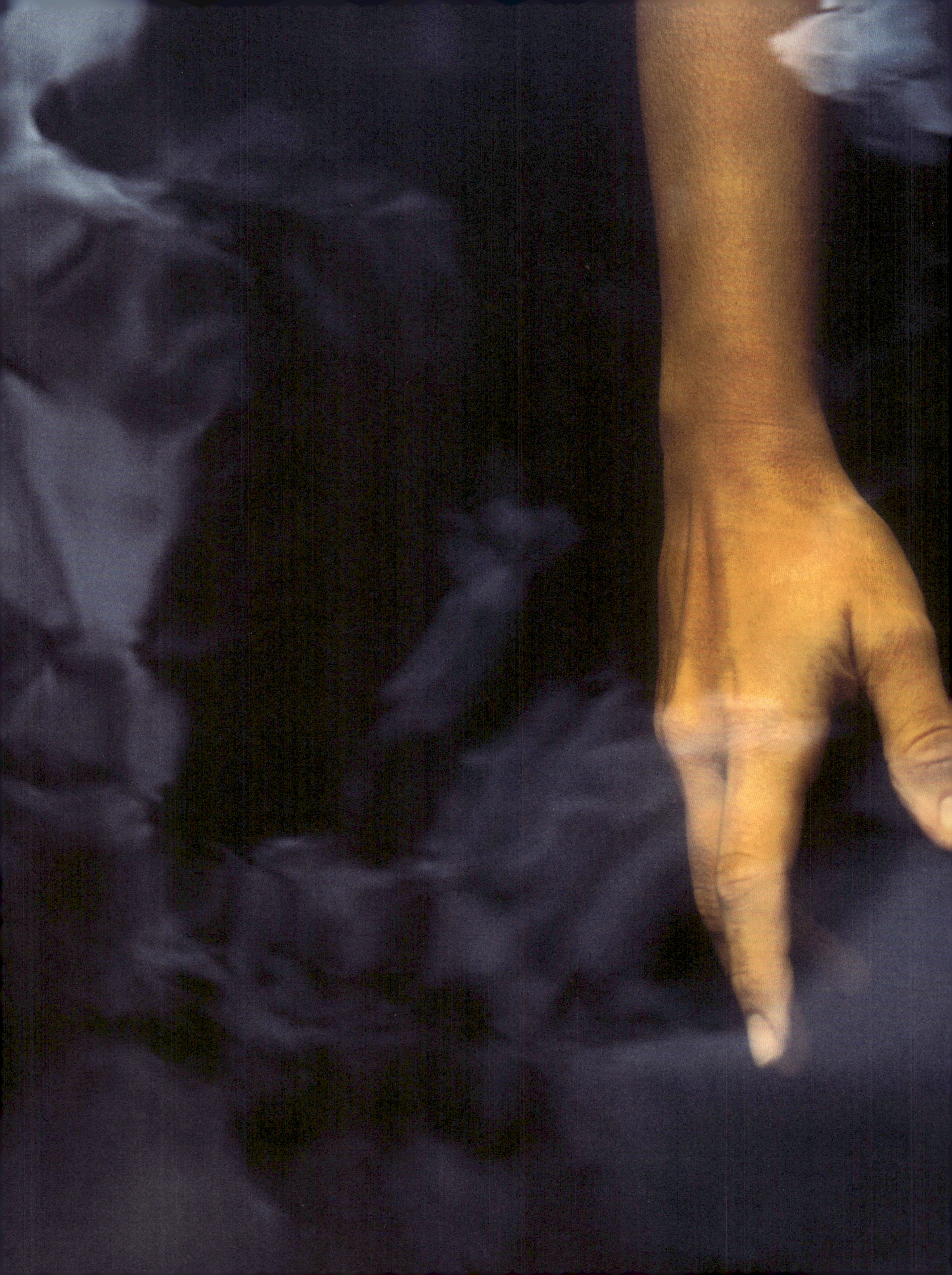

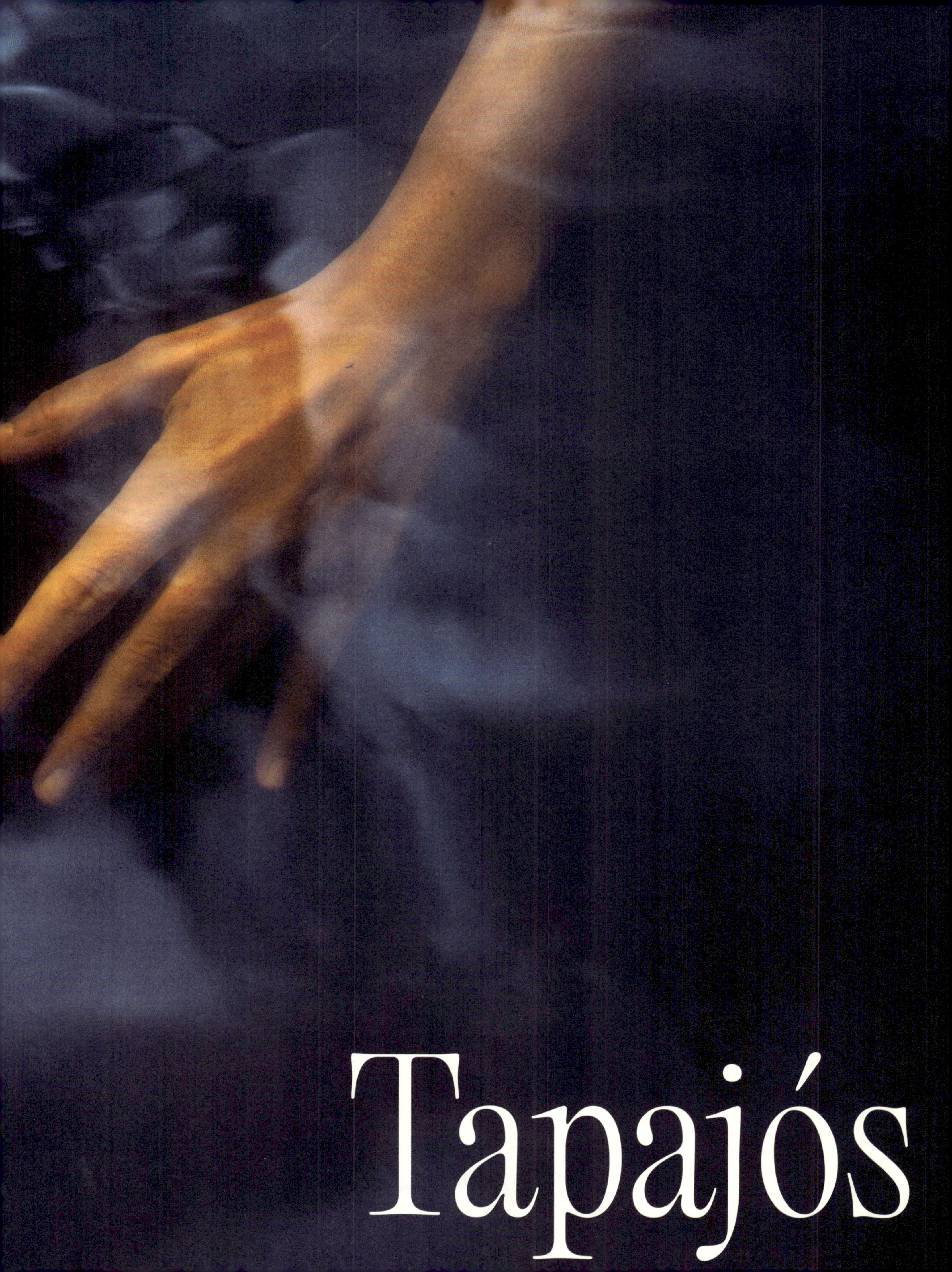

Tapajós

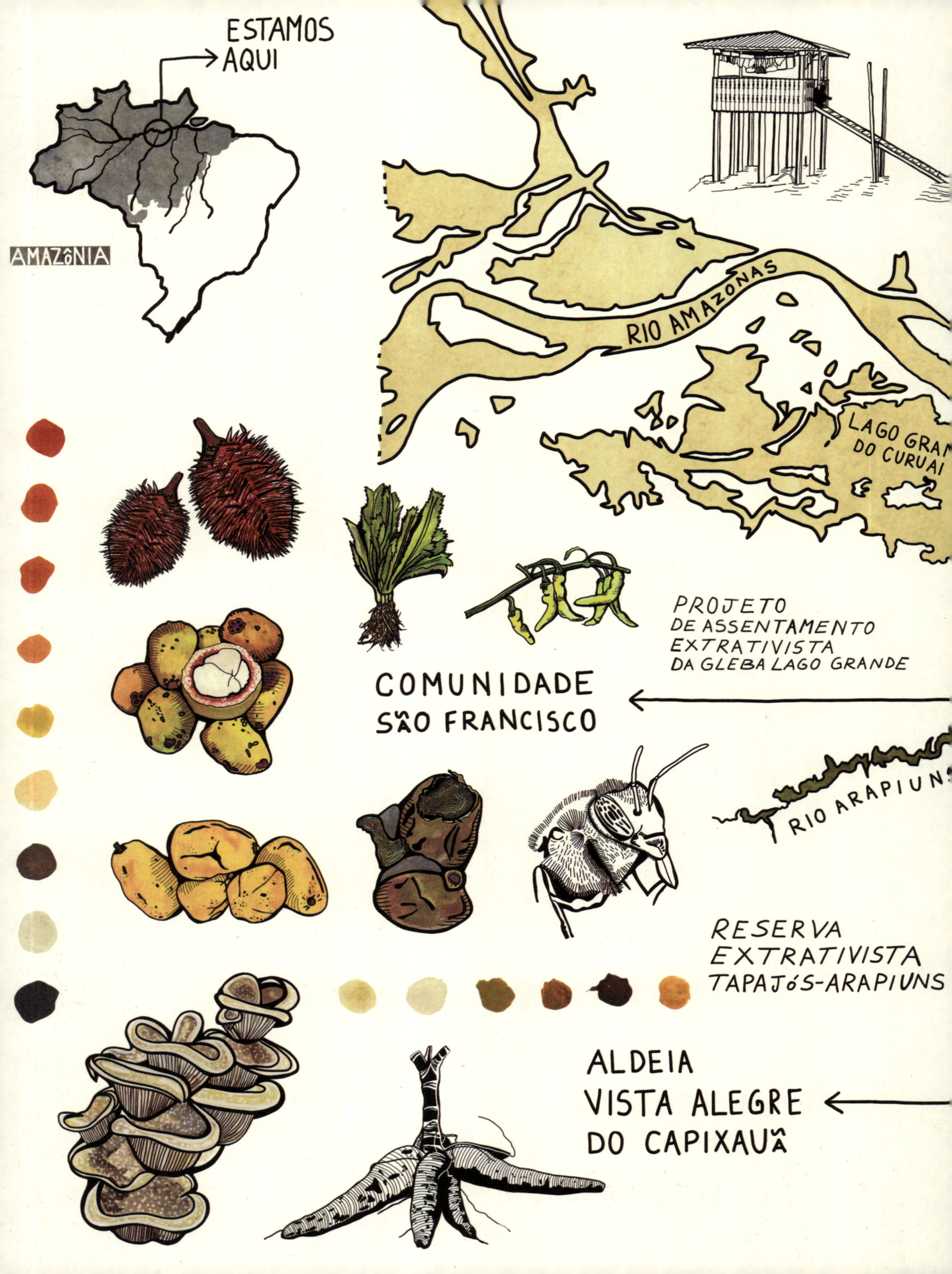
ESTAMOS AQUI
AMAZÔNIA
RIO AMAZONAS
LAGO GRAN
DO CURUAI
PROJETO DE ASSENTAMENTO EXTRATIVISTA DA GLEBA LAGO GRANDE
COMUNIDADE SÃO FRANCISCO
RIO ARAPIUNS
RESERVA EXTRATIVISTA TAPAJÓS-ARAPIUNS
ALDEIA VISTA ALEGRE DO CAPIXAUÃ

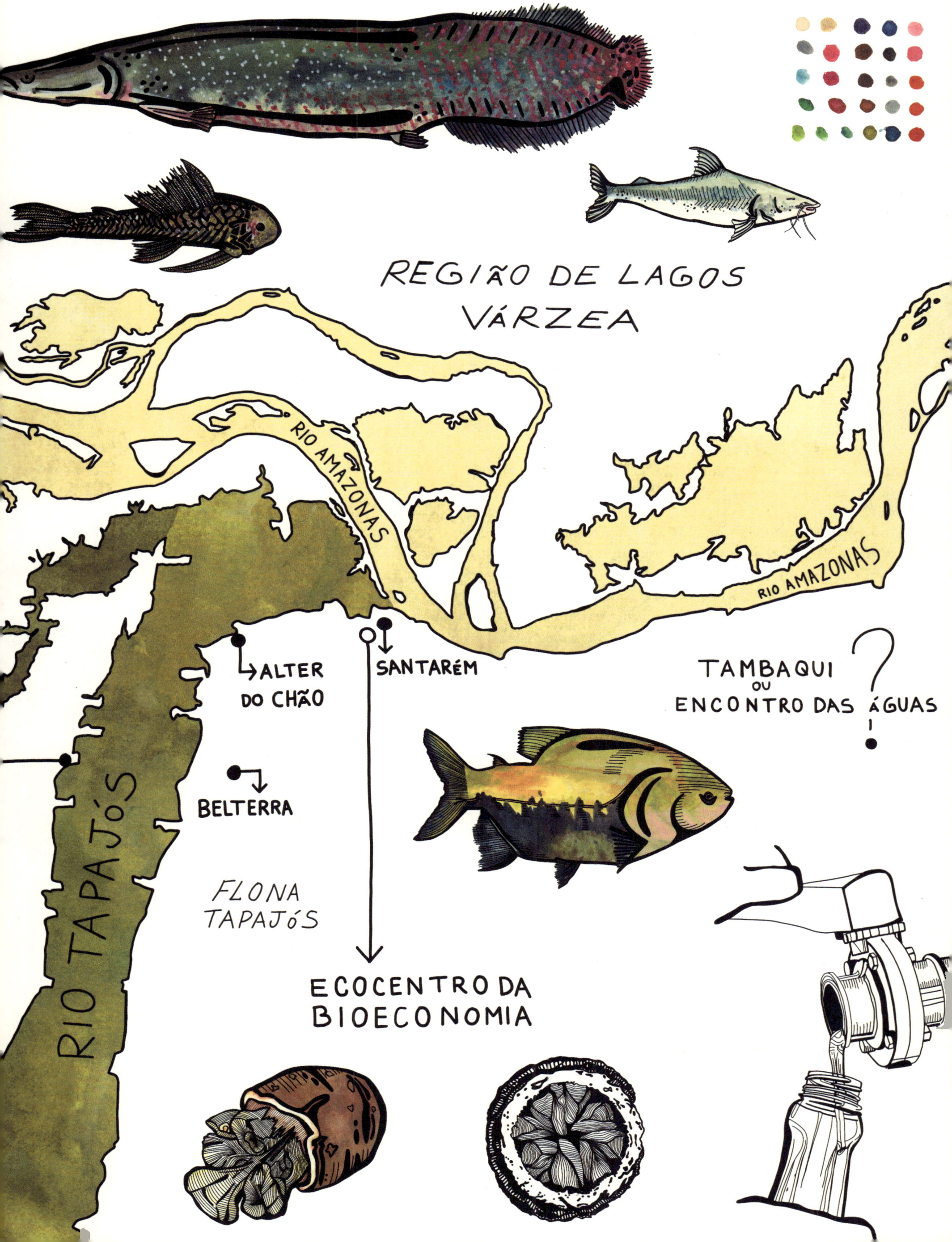
REGIÃO DE LAGOS
VÁRZEA
RIO AMAZONAS
RIO AMAZONAS
ALTER DO CHÃO
SANTARÉM
TAMBAQUI OU ENCONTRO DAS ÁGUAS
BELTERRA
FLONA TAPAJÓS
RIO TAPAJÓS
ECOCENTRO DA BIOECONOMIA

Olhar Santarém virtualmente pela imagem de satélite e ir, pouco a pouco, subindo o rio Tapajós é um exercício interessante para observar os usos do território e entender sua complexidade. Há pelo menos duas décadas, a beleza das praias de rio de Alter do Chão tornou a região conhecida pelos brasileiros e atraiu olhares estrangeiros. Empreendimentos turísticos e a exploração imobiliária alteraram a feição e o funcionamento do distrito santareno, resguardado ao sul pela Floresta Nacional do Tapajós,* unidade de conservação com 530 mil hectares. Na mesma época, Belterra, Mojuí dos Campos e Alenquer foram impactadas pela chegada de gigantes do agronegócio, como a norte-americana Cargill, que estabeleceu ali imensas plantações de soja e milho. O cenário de expansão das fronteiras agrícolas culminou com a construção, em 2003, de um terminal portuário da empresa em Santarém, na confluência dos rios Amazonas e Tapajós, para escoar para o exterior a produção da região e do Centro-Oeste.

Estabelecida a infraestrutura, tem sido crescente o interesse pelas terras e a pressão fundiária no território ao redor do Tapajós, o que fez o Sindicato dos Trabalhadores Rurais de Santarém retomar recentemente a campanha "Não abra mão da sua terra". Criada nos anos 2000 para conter a expansão da fronteira agrícola nessas cidades, a iniciativa visava, sobretudo, proteger o Projeto de Assentamento Agroextrativista (PAE)* da Gleba Lago Grande, entre os rios Amazonas e Arapiuns. Com cerca de 250 mil hectares, a região tem mais de 6.600 famílias, organizadas em 153 comunidades que vivem do extrativismo, da caça, da pesca e da agricultura familiar. Trata-se de um exemplo de ocupação bem-sucedida, que contrasta com as inúmeras áreas griladas e devastadas sob a alegação de que virariam pasto ou lavoura, mas que se tornaram um vazio improdutivo – tão grande quanto o Reino Unido – de terras abandonadas que não produzem alimentos, não sustentam famílias, não geram renda nem viabilizam a sobrevivência das comunidades locais.

Looking at Santarém virtually through satellite images and slowly going up the Tapajós River is an interesting exercise to observe the uses of the land and understand its complexity. For at least two decades, the beauty of the river beaches in Alter do Chão has made the region known to Brazilians and attracted the attention of foreigners. Touristic enterprises and real state exploration have changed the appearance and functioning of the Santarém district, bordered to the south by the Tapajós National Forest, a conservation unit covering 530,000 hectares. At the same time, Belterra, Mojuí dos Campos and Alenquer have felt the impact of the arrival of agribusiness giants, such as the American company Cargill, which has established huge soybean and corn plantations there. The expansion scenario of the agricultural borders culminated with the construction, in 2003, of the company's port terminal in Santarém, at the confluence of the Amazon and Tapajós rivers, to ship the harvests produced by the region and the Central-West of Brazil abroad.*

With the infrastructure established, interest in the land and pressure on smallholders in the area around Tapajós have been increasing, which has led to the Rural Workers' Union of Santarém recently restarting its campaign "Do not give up your land." Set up in the 2000s to contain the expansion of the agricultural frontier in these cities, the initiative aimed, above all, to protect the Agroextractivist Settlement Project (PAE) of Gleba Lago Grande, between the Amazon and Arapiuns rivers. With about 250,000 hectares, the region has more than 6,600 families, organized in 153 communities living from* extractivism, *hunting, fishing, and family farming. This is an example of successful occupation, which contrasts with the many degraded and illegally occupied areas, under the claim that they would become pasture or arable land, but have now become an unproductive void –as large as the United Kingdom– of abandoned land that does not produce food, does not support families, does not generate income or support the survival of local communities.*

Edilena Teixeira de Oliveira, who farms the land and raises stingless bees (meliponiculture), is a community

As **Florestas Nacionais** (Flona) são unidades de conservação de uso sustentável, estabelecidas pelo Sistema Nacional de Unidades de Conservação da Natureza (Snuc), que visam a proteção de áreas florestais e o uso sustentável dos seus recursos. A Floresta Nacional do Tapajós, criada na região de Santarém em 2012, é um exemplo de Flona no Brasil.

***National Forests** (Flona) are conservation units for sustainable use, established by the National System of Nature Conservation Units (Snuc), which aim at protecting forest areas and the sustainable use of their resources. The Tapajós National Forest, created in the Santarém region in 2012, is an example of a Flona in Brazil.*

Vista aérea de praia em Alter do Chão,
banhada pelo rio Tapajós.
*Aerial view of a beach in Alter do Chão,
bathed by the Tapajós River.*

Trata-se de territórios distribuídos a famílias de trabalhadores rurais por meio da Reforma Agrária e administrados pelo Incra (Instituto Nacional de Colonização e Reforma Agrária).

O **PAE** Lago Grande é uma modalidade de assentamentos voltada a populações que vivem do extrativismo e é homologado pelo Ibama.

*These are areas distributed to rural workers families through agrarian reform and managed by Incra (National Institute for Colonization and Agrarian Reform). The Lago Grande **PAE** is a type of settlement aimed at populations who make a living from* extractivism *and is approved by Ibama.*

Em sentido horário, tucumãs, crianças na comunidade São Francisco, no PAE Lago Grande, e cacho de urucum.
Clockwise, tucumãs, *children in the São Francisco community, in the Lago Grande PAE, and bunch of* urucum.

A agricultora e meliponicultora Edilena Teixeira de Oliveira, líder comunitária do PAE Lago Grande, diz haver "um olho enorme" voltado para o assentamento, de grandes empresas que cobiçam o território. Seu esposo, Manoel Edivaldo Santos Matos, o Peixe, presidente da Acosper (Cooperativa dos Trabalhadores Agroextrativistas do Oeste do Pará), conta que os assentados se reuniram para pensar em alternativas para frear a pressão, por entenderem que a terra é a mãe, a vida e a riqueza deles. Sabiam que só dizer "não abra mão da sua terra", e não formular alternativas, seria em vão. A saída foi criar mercado para os produtos do extrativismo, gerando renda nas áreas protegidas.

Estabeleceram parceria com o Projeto Saúde e Alegria (PSA), que atua em várias frentes na região do rio Tapajós. Muito conhecido pelo *Abaré*, navio-hospital com modelo de atendimento itinerante, o PSA também auxilia as comunidades em projetos para o manejo sustentável da floresta: restauração florestal, implantação de sistemas agroflorestais, produção de mudas, manejo para extração de recursos não madeireiros, criação de abelhas sem ferrão e construção de miniusinas para processamento de frutas e sementes. Em outra frente, ajudaram a Acosper a captar recursos para a construção de um Ecocentro no qual pudessem agregar valor às cadeias da sociobioeconomia com as quais já estavam habituados a trabalhar. Com recursos do Fundo Amazônia, o Ecocentro foi inaugurado em 2024 onde antes funcionava uma usina de processamento de borracha. A agroindústria tem equipamentos e tecnologia para beneficiar e envasar mel de abelhas nativas; extrair óleos e manteigas vegetais; despolpar frutas e destilar óleos essenciais, além de servir como entreposto de borracha.

Quando esteve na inauguração do Ecocentro, Marina Silva, ministra do Meio Ambiente e Mudança do Clima, evocou o seringueiro e líder sindical Chico Mendes, assassinado em Xapuri, Acre, em 1988. Frisou que a luta do ambientalista não havia morrido: "Aquilo que antes foi usado para explorar os povos tradicionais agora ajuda

leader in the Lago Grande PAE and says that large companies have got their eyes on the settlement, coveting the area. Her husband, Manoel Edivaldo Santos Matos, known as "Peixe", President of Acosper (Cooperative of Agroextractivist Workers of the West of Pará), says that the settlers joined together to think of alternatives to ease the pressure, because they understand that the land is their mother, their life, and their wealth. They knew that only saying "do not give up your land," and not coming up with alternatives, would be in vain. The solution was to create a market for extractivism *products, generating income for the protected areas.*

They have partnered with the Projeto Saúde e Alegria (Health and Happiness Project, PSA), which operates on several fronts in the Tapajós River region. Well-known for Abaré, *a hospital ship which is a role model in itinerant services, the PSA also helps communities with projects for sustainable forest management, including reforestation, the introduction of agroforestry systems, seedling production, management of non-timber resource extraction, stingless bee raising, and the construction of mini-mills for fruit and seed processing. On another front, they have helped Acosper raise resources for the construction of an Ecocenter in which they could add value to the socio-bioeconomy chains they were used to working with. With resources from the Amazonia Fund, Ecocenter was inaugurated in 2024 in a disused rubber processing plant. The agroindustry has the equipment and technology required to process and bottle honey from native bees, extract vegetable oils and butters; depulp fruits and distill essential oils, as well as serve as a rubber warehouse.*

When she attended the opening of the Ecocenter, Marina Silva, Minister of the Environment and Climate Change, evoked the rubber tapper and union leader Chico Mendes, murdered in Xapuri, in the state of Acre, in 1988. She stressed that the environmentalist's struggle had not died: "What has been used before to exploit traditional peoples now helps protect the forest, the indigenous peoples, the traditional communities, and the rivers." And it is a fact: the construction of the Ecocenter benefits

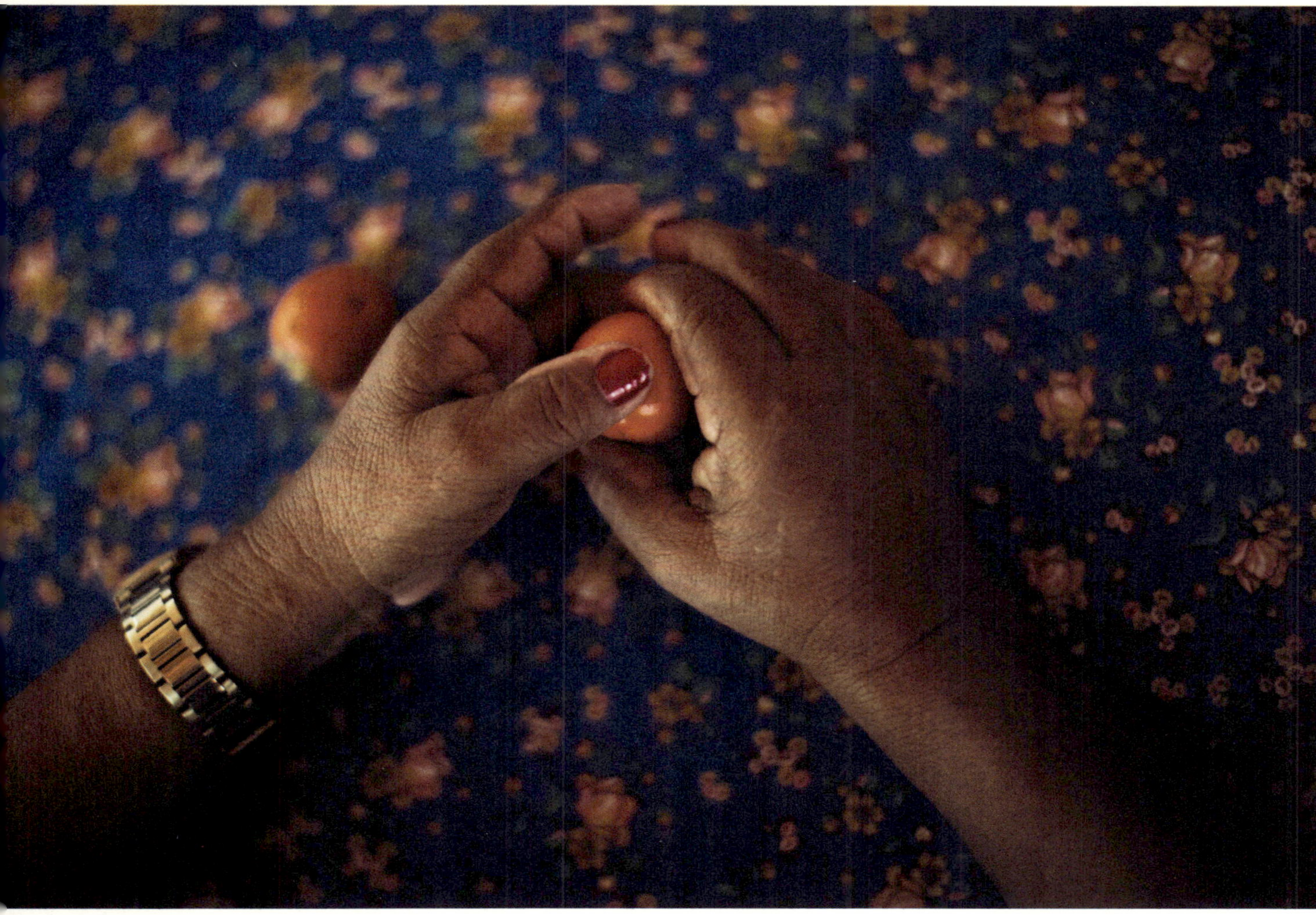

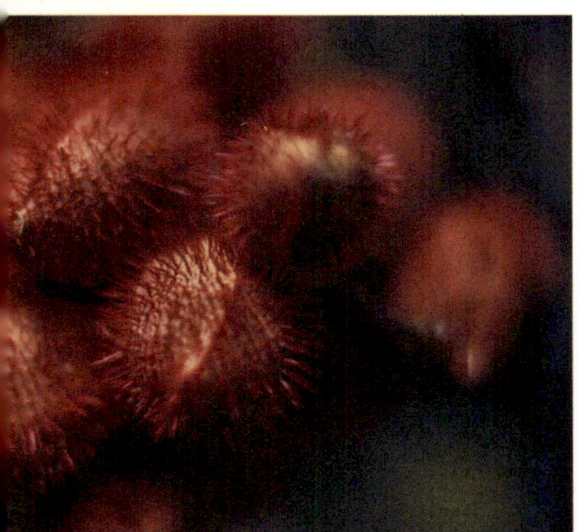

Abelhas canudo. Na dupla de páginas anterior, a meliponicultora Edilena Cristina de Oliveira com Bel; entrada de uma colmeia de abelha canudo; flores de urucum.
Canudo *bees. On the previous double-page spread, meliponiculturist Edilena Cristina de Oliveira with Bel; the entrance to a* canudo *bee hive;* urucum *flowers.*

a proteger a floresta, os indígenas, as comunidades tradicionais e os rios". E é fato: a construção do Ecocentro beneficia cerca de quinhentas famílias, que eliminaram os atravessadores e agora negociam diretamente com os compradores produtos industrializados com maior valor agregado. Localizada em Santarém, a unidade pode processar até 40 mil sementes de andiroba por ano, viabilizando a extração em escala de óleos e manteigas para as indústrias cosmética e alimentícia. Tem contratos com empresas de grande porte, como a Natura, para a qual fornece óleos de andiroba e copaíba, e a Veja, que usa borracha amazônica em seus tênis. Também vende óleos e méis ao consumidor final.

O empreendedor social Caetano Scannavino, coordenador do PSA, defende a construção de uma agenda de desenvolvimento baseada na distribuição da renda gerada por meio da floresta em pé em contraponto ao modelo atual, de desmatamento e degradação ambiental: "A Amazônia já perdeu o equivalente a duas Alemanhas de floresta para colocar o que no lugar? Mais de 70% são pastagens, a maioria de baixíssima produtividade. Cerca de 54% das áreas destinadas à agropecuária estão degradadas, o equivalente a duas vezes o território do Paraná, com altos índices de desperdício e abandono de terras. Esse tipo de ocupação, baseada num modelo de desenvolvimento dos anos 1970, não está nos deixando mais ricos, pelo contrário. Os piores indicadores sociais do país estão na Amazônia. Além de não gerar receita, resulta numa perda de renda não monetária desses ativos naturais. Num contexto de emergência climática, isso é ainda mais grave. Metade das emissões brasileiras vêm do desmatamento, e mais de 90% desse desmatamento é de origem criminosa". Para Caetano, o Ecocentro aponta um outro caminho, por ser "um multiprocessador da floresta, de produtos da sociobiodiversidade".

Ao comercializar as manteigas e óleos já processados, em vez de vender as sementes in natura, como matéria-prima bruta, a agroindústria aumenta em 60% a geração de renda. Com a agregação de valor, paga-se

about five hundred families, who have cut out the middlemen and now negotiate industrialized products with higher added value directly with the buyers. Located in Santarém, the unit can process up to 40,000 andiroba *seeds a year, facilitating the large-scale extraction of oils and butters for cosmetics and food industries. It has contracts with large companies, such as Natura, a cosmetics company to which it supplies* andiroba *and* copaíba *oils, and Veja, a sportwear manufacturer which uses Amazonian rubber in its sneakers. It also sells oils and honey to the final consumer.*

Social entrepreneur Caetano Scannavino, coordinator of PSA, defends the articulation of a development agenda based on the distribution of income generated from the preserved forest, in contrast to the prevalent model of deforestation and environmental degradation: "Amazonia has already lost forest the size of two Germanies to put precisely what in its place? More than 70% of the cleared land is now pasture, most of which has very low productivity. About 54% of the areas destined for agriculture and livestock are degraded, equivalent to twice the territory of the state of Paraná, with high levels of underused and abandoned land. This type of occupation, based on a development model dating from the 1970s, is not making us richer —on the contrary. The worst social indicators in the country are in Amazonia. In addition to not generating revenue, it results in a loss of non-monetary income from these natural assets. In the context of the climate emergency, this is even more serious. Half of Brazil's carbon emissions come from deforestation, and more than 90% of this deforestation is of criminal origin." For Caetano, Ecocenter points the way to another path, because it is "a multiprocessor of forest, of socio-biodiversity products."

By commercializing butters and oils already processed, instead of selling the unprocessed seeds as raw material, the agroindustry increases the income generated by 60%. With the added value, a fairer price is paid for the products, which has a positive impact on the lives of the collectors. In our visit to Acosper, Peixe reinforced the feeling of joy he felt by contributing to protecting the forest and con-

um preço mais justo pelos produtos, o que impacta positivamente a vida dos coletores. Na visita que fizemos à Acosper, Peixe reforçou o sentimento de alegria por contribuir para proteger a floresta em pé e conservar os recursos naturais. Mas questionou o fato de o impacto benéfico do extrativismo na defesa da biodiversidade não ser valorizado: "Por que cobrar ICMS [Imposto sobre Circulação de Mercadorias e Serviços] sobre a borracha, o mel de abelhas nativas e as sementes? Essa arrecadação deveria, ao menos, ser revertida para os extrativistas".

Não faltam projetos nos quais investir para melhorar a vida das populações locais, garantindo que sejam guardiões dos territórios. Na Comunidade São Francisco, banhada pelo rio Arapiuns e inserida no PAE Lago Grande, fomos recebidos com um banquete de alimentos tradicionais inesquecível. Uma mesa farta, diversa e saborosa, repleta de alimentos produzidos em seus quintais e carregados de cultura: mingau de crueira (ver receita à p. 147), beiju sica com castanha-do-brasil, bolinho de farinha puba (ver receita à p. 149), panqueca

serve natural resources. But he questioned the fact that the beneficial impact of extractivism *on the defense of biodiversity is not valued: "Why collect ICMS [a state tax on goods and services] on rubber, honey from native bees, and seeds? The tax collected should, at the very least, be used to the benefit of the* extractivists."

There is no shortage of projects in which to invest to improve the lives of local populations, ensuring that they remain the guardians of the territories. In the São Francisco community, bathed by the Arapiuns River and part of the Lago Grande PAE, we were greeted with an unforgettable banquet of traditional foods. A rich, diverse and delicious spread, full of food produced in the community's yards and full of culture: crueira *porridge (see recipe on p. 147),* beiju sica *made with Brazil nuts,* puba *flour dumplings (see recipe on p. 149), gum pancakes with free range chicken eggs,* cupuaçu *candy,* canudo *bee honey, and* tucumã. *The dream of the women who produced this banquet —Aldenora, Meiry, Izabel, Maryhellena, and Edilena— is to bring the experience that we have been through*

Quando tu vai mastigando o beiju com castanha, vai sentir um sabor de perto da alma.

EDILENA DE OLIVEIRA

When you chew the beiju with Brazil nut, you will feel a flavor close to your soul.

de goma com ovo de galinha caipira, doce de cupuaçu, mel de abelha canudo e tucumã. O sonho das mulheres que montaram esse banquete — Aldenora, Meiry, Izabel, Maryhellena e Edilena — é levar essa experiência que vivemos a mais gente, desenvolvendo um modelo de turismo de base comunitária. Edilena compartilha a vontade que elas têm de valorizar os potenciais locais e conseguir recursos para fazer uma cozinha onde possam beneficiar seus produtos e receber turistas. Num encontro de lideranças femininas do qual participou tempos atrás, ao ser instigada a anotar tudo o que tirava da terra, percebeu a riqueza disponível nos fundos de casa, em seu próprio roçado, ao qual não atribuía serventia. Conta que antes ela não via isso como valor, como potência, mas hoje sabe que seu quintal faz mais do apenas alimentar: "Quando alguém compra o que produzimos leva junto uma história. Se a gente não deixar nenhuma semente, não deixar nenhuma castanheira, as futuras gerações vão pensar: 'o que eles fizeram?'". (Leia o depoimento de Edilena à p. 132.)

to more people, developing a community-based tourism model. Edilena shares the desire they have to give value to local potential and obtain the resources needed to set up a kitchen where they can process their products and receive tourists. In a meeting of female leaders in which she participated some time ago, when she was urged to note down everything she took from the land, she realized the wealth available at her backyard, at her own field, to which she did not attribute any use. She says that she did not see this as value, as power, but today she realizes that her yard does more than just feed: "When someone buys something we produce, they get a story as well. If we leave no seeds, leave no Brazil nut trees, future generations will think: 'what did they do?'" (Read Edilena's testimonial on p. 132.)

Access to the food culture we experienced should be available to the entire population of Brazil, because it represents the identity of our lands and strengthens the feeling of social belonging, generating food security and autonomy. It also has the great merit of putting into ef-

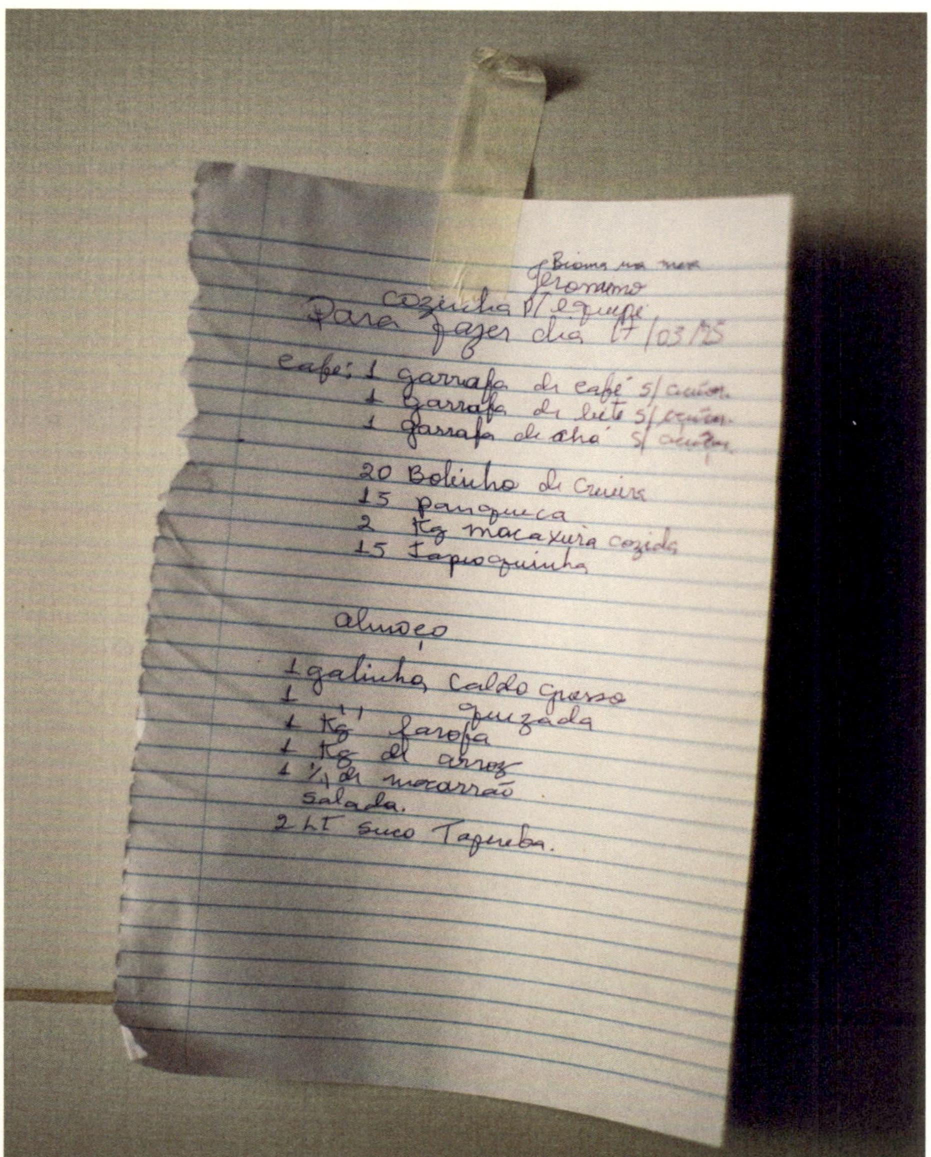

A agricultora Izabel Teixeira de Oliveira, pé de pimenta-de-cheiro e o cardápio do almoço na Comunidade São Francisco.
Farmer Izabel Teixeira de Oliveira, pimenta-de-cheiro [*Brazilian perfumed mild chili*] *plant, and the lunch menu at the São Francisco Community.*

SAÚDE &

Embarcação do Projeto Saúde e Alegria.
Health and Happiness Project boat.

O acesso à cultura alimentar como o que experimentamos deveria estar disponível a toda a população brasileira, por representar a identidade de territórios e fortalecer o sentimento de pertencimento social, gerando segurança alimentar e autonomia. Tem ainda o grande mérito de materializar princípios defendidos no *Guia alimentar para a população brasileira*, documento produzido pelo Ministério da Saúde junto ao Núcleo de Pesquisas Epidemiológicas em Nutrição e Saúde da Universidade de São Paulo (Nupens-USP). Referência mundial em alimentação adequada, traz recomendações baseadas em evidências científicas, para valorizar a cultura alimentar brasileira e promover a saúde por meio de uma alimentação que priorize alimentos in natura e minimamente processados em detrimento dos ultraprocessados.

Outra atividade foi incorporada faz pouco tempo à rotina dos agricultores familiares da comunidade: a criação de abelhas nativas sem ferrão para a produção de mel, pólen e própolis. O costume antigo de atear fogo nas colmeias encontradas na floresta, para retirada de mel, foi abandonado e substituído por um novo paradigma. As caixas de abelha canudo agora têm lugar privilegiado no território, organizadas em meliponários próximos às casas para facilitar o manuseio. Ao lado de suas cinquenta colmeias, Edilena disse ter ficado feliz com mais uma atividade para abraçar e gerar renda extra à família.

Os méis de canudo (*Scaptotrigona nigrohirta*) e jupará (*Melipona interrupta*), coletados nas áreas de terra firme e várzea, respectivamente, são beneficiados no Ecocentro da Acosper. Ambos têm alto potencial gastronômico, são méis de sabor complexo e acidez instigante. O presidente da Acosper relata que os maiores produtores de mel de jupará vivem nas áreas de várzea, mas que "não deu nada nos últimos dois anos". Atribuiu o problema às mudanças climáticas: "A seca foi forte; e o calor, intenso. As abelhas vão procurar água, não acham, e acabam desaparecendo". Na primeira safra, em 2022, 435 quilos de mel de canudo e 375 quilos de jupará foram

fect the principles defended in the Guia alimentar para a População Brasileira [Food Guide for the Brazilian Population], *a document produced by the Ministry of Health with the Center for Epidemiological Research in Nutrition and Health of the University of São Paulo (Nupens-USP). Recognized worldwide for its approach to proper food, the guide includes recommendations based on scientific evidence, namely to value Brazilian food culture and promote health through a diet that prioritizes fresh and minimally processed foods to the detriment of ultra-processed ones.*

Another activity has been recently incorporated into the routine of family farmers in the community: the raising of native stingless bees for the production of honey, pollen, and propolis. The ancient custom of setting fire to the hives found in the forest to remove the honey has been abandoned and replaced by a new approach. The canudo *stingless beehives now have a privileged place in the region, organized in apiaries near the houses to make it easier to manage them. Standing next to her fifty hives, Edilena said she was happy to have another activity to embrace and generate extra income for the family.*

The honey of the canudo *bee* (Scaptotrigona nigrohirta) *and* jupará *bee* (Melipona interrupta) *is collected in the dry and floodplain areas of the forest, respectively, and is processed at Acosper's Ecocenter plant. Both honeys have a considerable gastronomic potential, a complex flavor and intriguing acidity. The President of Acosper reports that the largest producers of* jupará *honey live in the floodplain areas, but that "nothing has been produced in the last two years." He blames the situation on climate change: "The dry season was tough; and the heat was intense. Bees go looking for water, don't find it, and end up disappearing." In the first harvest, in 2022, 435 kilograms of* canudo *and 375 kilograms of* jupará *honey were bottled. In the following years, the production plummeted: no* jupará *honey, which suffered from the drought, was collected; 215 kilos of* canudo *honey were collected in 2,023 and 366 kilos in 2024.*

Talking about drought in the biome that includes the largest freshwater basin in the world, capable of producing

Tenho um quintal produtivo rodeado de um bocado de coisas importantes pra nós, e também pros animais. Meliponário, galinha, mandioca, pimenta-de-cheiro, banana, cará, manga, coco, urucum. Antes, não via isso como valor, como potência. Mudou quando anotei tudo o que tirava da terra. Fui vendo: "Pô, eu sou rica, não sabia que eu era rica!".

Meu pai também era agricultor. Morreu jovem. Criava galinha, mas nunca trabalhou com abelha. Essa que eu tô criando é nativa, o ferrão dela é atrofiado. Aprendi a cuidar das abelhas num curso na Resex Tapajós-Arapiuns. Fui gostando da coisa, era mais uma renda. A gente desmata menos e pode dormir um pouquinho mais. Dá um carinho pra elas, sem matar.

A gente tá saindo de um período de estiagem, perdemos metade dos plantios. Muitas sementes foram embora, e estamos trocando entre nós. Houve uma mistura de clima, não sabemos mais qual é o tempo certo de plantar. Tem que semear direto. Se der, bem. Se não, pelo menos fizemos a nossa parte. Se a gente não deixa histórico, não deixa nenhuma semente, não deixa nenhuma castanheira, as futuras gerações vão pensar: "O que eles fizeram?".

O que me motiva é que quando tu nasceste e viveste num lugar, tu dás a vida por aquele lugar. Sinto um amor pela causa, de lutar para trazer uma vida melhor pro assentamento. É muita gente para Deus cuidar sozinho. Precisamos fazer a nossa parte. Tem horas que eu me canso, às vezes as pernas doem, mas ainda sonho, e os sonhos vão virar realidade.

Mesmo com dificuldade, as mulheres daqui estão sempre guardando e distribuindo sementes. Tudo isso é coletividade. Somos em vinte no polo Arapiuns da Associação de Mulheres Trabalhadoras do Município de Santarém. Há muito tempo a gente quer trabalhar com turismo de base comunitária. Estamos lutando para conseguir recursos, fazer uma cozinha, beneficiar nossos produtos e receber visitantes. Nossa preocupação é que a juventude vá embora. Sonho um dia ouvir dos jovens: "Não tenho precisão de ir pra cidade, porque tenho tudo aqui".

Edilena Cristina Teixeira de Oliveira é agricultora e meliponicultora na Comunidade São Francisco, Projeto de Assentamento Agroextrativista da Gleba Lago Grande, na Resex Tapajós-Arapiuns.

Edilena de Oliveira

I have a productive yard surrounded by a lot of important things for us, and also for animals. Stingless bee hives, chickens, cassava, pimenta-de-cheiro *[Brazilian perfumed mild chili], bananas, yams, mangos, coconuts,* urucum. *Before, I did not see this as value, as power. That changed when I started to write down everything I took from the earth. I realized: "Well, I'm rich, I didn't know I was rich!"*

My father was also a farmer. He died young. He raised chickens, but he never worked with bees. The ones I am raising are native, and their stingers are atrophied. I learned to take care of bees at a course run in the Tapajós-Arapiuns Resex. I started to like beekeeping, as it was another source of income. We deforest less and can sleep a little longer. Caring for them, without killing them.

The dry season is coming to an end, and we have lost half of the plantations. There are few seeds left, and we are swapping them between us. The weather patterns have changed, and we no longer know when it is the right time to plant. We have to sow the seeds all the time. If they sprout, that's good. If not, at least we did our part. If we leave no history behind us, don't leave any seeds, don't leave a Brazil nut tree standing, future generations will think: "What did they do?"

What motivates me is that when you are born and live somewhere, you give life to that place. I feel a love for the cause, for the struggle to bring a better life to the settlement. It is a lot of people for God to take care of alone. We need to do our part. There are times when I get tired, sometimes my legs hurt, but I still dream, and the dreams will come true.

Even when it is difficult, the women here always store and distribute seeds. All this is collectivity. There are twenty of us in the Arapiuns branch of the Association of Working Women of the Municipality of Santarém. We have been wanting to work with community-based tourism for a long time. We are fighting to get resources, make a kitchen, process our products and welcome visitors. We worry that the young people will leave. I dream of one day hearing them say: "I don't need to go to the city, because I have everything here."

Edilena Cristina Teixeira de Oliveira *is a farmer and beekeeper in the São Francisco community, Agroextractive Settlement Project of Gleba Lago Grande, in the Tapajós-Arapiuns Resex.*

Canoa submersa no Rio Arapiuns.
Submerged canoe in the Arapiuns River.

envasados. Nos anos seguintes, a produção despencou: não houve coleta do mel de jupará, que padeceu com a estiagem. Coletaram-se 215 quilos de mel de canudo em 2023 e 366 quilos em 2024.

Falar de estiagem no bioma que tem a maior bacia de água doce do mundo, capaz de produzir 20% da água doce do planeta, parece uma contradição. Mas a emergência climática é uma realidade e tudo leva a crer que as consequências serão cada vez piores e irremediáveis. Estudo do World Resources Institute mostra que a proteção das terras indígenas brasileiras como medida de combate às mudanças climáticas poderia render, em vinte anos, de 523 bilhões a 1,165 trilhão de dólares com os benefícios da neutralização do carbono e a manutenção de serviços ecossistêmicos, como água limpa, biodiversidade, polinização e controle de inundações.

Ao contrário do que se imagina, é ínfima a participação da Amazônia brasileira no mercado global de produtos compatíveis com a floresta, oriundos da extração florestal não madeireira, de sistemas agroflorestais, da hortifruticultura e da pesca e da piscicultura, segundo dados de um estudo de Salo Coslovsky, professor da New York University e pesquisador do Amazônia 2030 – projeto de pesquisa que reúne especialistas de diversas áreas para apresentar propostas para o desenvolvimento sustentável da Amazônia brasileira. Caetano Scannavino, do PSA, reforça que “apesar de representar 30% das florestas tropicais do mundo, ela ocupa apenas 0,17% – ou 300 milhões de dólares ao ano – de um mercado de quase 200 bilhões de dólares”.

Há muitos exemplos bem-sucedidos de economia compatível com a floresta que respeita as vocações regionais e valoriza os movimentos de base. Em sua maioria, passíveis de replicação – da agricultura familiar às miniusinas de beneficiamento de frutas, sementes e mel de abelhas nativas. Mas há também outra ferramenta eficaz, ainda incipiente e com enorme potencial de crescimento, que merece atenção pela capacidade de emancipar as populações locais: o turismo de base comunitária. Oferecer experiências autênticas de um

Uma coisa que nos entristece é que quem não está matando a floresta não é valorizado.

”
MANOEL MATOS

One thing that saddens us is that those who are not killing the forest are not valued.

20% of the planet's fresh water, seems a contradiction. But the climate emergency is a reality and everything leads us to believe that the consequences will get worse and be irremediable. A study by the World Resources Institute shows that the protection of Brazilian indigenous lands as a measure to combat climate change could yield, over twenty years, from US$523 billion to US$1.165 trillion of benefit from carbon neutralization and the maintenance of ecosystem services, such as clean water, biodiversity, pollination, and flood control.

Contrary to what is imagined, the participation of the Brazilian Amazon in the global market for forest-friendly products derived from non-timber forest extraction, agroforestry systems, vegetable and fruit culture, fishing and fish farming is very small, according to data from a study by Salo Coslovsky, Professor at New York University and researcher of the Amazonia 2030, research project that brings together experts from various areas to present proposals for sustainable development of the Brazilian Amazon. Caetano Scannavino, from the PSA, emphasizes that “despite representing 30% of the world's tropical forests, Amazonia is only responsible for 0.17% –or US$300 million a year– of a market worth almost US$200 billion.”

There are many successful examples of forest-compatible economies that respect regional vocations and value grassroots movements. Most of them can be replicated –from family agriculture to mini-mills for processing fruits, seeds, and honey from native bees. But there is also another effective tool, still in its early stages and with enormous growth potential, which deserves attention for its ability to emancipate local populations: community-based tourism. Offering authentic experiences of a traditional way of life can contribute to the sustainable development of communities while encouraging the conservation of natural resources. More than just offering accommodation, community-based tourism is an important tool for bringing people closer to and empathizing with socio-environmental cause. By transmitting customs, cultural and gastronomic experiences, and offering tourists the chance to take part in traditional daily activities, such as fishing,

modo de vida tradicional pode contribuir para o desenvolvimento sustentável das comunidades ao mesmo tempo que pode estimular a conservação dos recursos naturais. Mais do que oferecer hospedagem, o turismo de base comunitária é uma ferramenta importante de aproximação e empatia com a causa socioambiental. Por meio da transmissão de costumes, vivências culturais e gastronômicas e do acompanhamento de atividades cotidianas tradicionais, como a pesca, a agricultura e a produção de farinha, é impossível permanecer indiferente à floresta, às pessoas e seus modos de vida.

Na Terra Indígena Kumaruara,* em Vista Alegre do Capixauã, a comunidade recebia turistas, há duas décadas, de maneira informal. Há dois anos, conseguiu estruturar o turismo de base comunitária com a construção de instalações mais adequadas. Erguida com recursos do Fundo Amazônia, por meio do Projeto Floresta Ativa Tapajós, a Pousada Uka Suri tem um redário com capacidade para pernoite de seis pessoas e um refeitório que comporta até 25 visitantes. Numa roda de conversa, a cacica Irenilse Batista Sousa nos contou que o turismo trouxe uma complementação de renda importante para a aldeia, que antes contava apenas com a comercialização da mandioca e da farinha. (Leia o depoimento de Irenilse à p. 142.)

Quem visita a Uka Suri, que na língua indígena Nheengatu quer dizer "uma coisa nova e alegre", vivencia um pouco da rotina dos Kumaruara, às margens do rio Tapajós, na Resex Tapajós-Arapiuns. Tem a colheita e a transformação de mandioca em farinha, goma, tucupi e beijus; tem os cantos e danças tradicionais; o aprendizado sobre as espécies nativas da flora e da fauna; e o viveiro de mudas, criado depois que a aldeia foi atingida por queimadas em 2020 e 2022. Lucio Melo, ex-cacique dos Kumaruara, diz que o fogo foi criminoso, difícil de controlar, e queimou quase toda a área: "Uma chuvarada abençoada controlou o fogo da última vez. Porque nem o igarapé deu conta de segurar".

agriculture and cassava flour production, it is impossible to remain indifferent to the forest, its people, and their way of life.

In the Kumaruara Indigenous Land, in Vista Alegre do Capixauã, the community started to receive tourists twenty years ago, informally. Two years ago, it managed to take a more structured approach to community-based tourism by creating more suitable facilities. Built with resources from the Amazon Fund, through the Tapajós Active Forest Project, the Uka Suri guesthouse has an overnight shelter with space for six hammocks* (a redário) *and a cafeteria that can seat up to 25 visitors. In a conversation circle, Chief Irenilse Batista Sousa told us that tourism brought an important additional income to the village, which previously had only the commercialization of cassava and cassava flour.* (*Read Irenilse's testimonial on p. 142.*)

Those who visit Uka Suri, which in the indigenous language Nheengatu means "a new and joyful thing," experience a little of the Kumaruara routine on the banks of the Tapajós River, in the Tapajós-Arapiuns Resex. It includes the harvesting and processing of cassava into flour, tapioca gum, tucupi, *and* beijus; *traditional singing and dancing; learning about the native species of flora and fauna; and the seedlings nursery, established after the village was hit by forest fires in 2020 and 2022. Lucio Melo, former Chief of the Kumaruara, says the fires were set by criminals, difficult to control, and burned almost the entire area: "A blessed rain controlled the fire last time. Because not even the* igarapé *managed to hold it back."*

The igarapé* *to which* Sr. *Lucio refers is Capixauã, which is reached after an hour's walk and is one of the highlights of the visit for its natural beauty. Protected by native forest, people can bathe before crossing back in a* bajara *canoe to the entrance of the village. When working with the tourists, each resident has multiple functions. There are individuals who combine the functions of guide, cook, and* catraeiro [*boatman*]. *Kenned Colares Lima, principal of the community school, sometimes takes*

* **Terras Indígenas** são áreas tradicionalmente ocupadas por povos indígenas, reconhecidas e demarcadas pelo Estado. A Constituição Federal determina que esses territórios são inalienáveis, de uso exclusivo dos indígenas e geridos pelos próprios povos, de acordo com sua cultura e suas regras de organização social.

Indigenous Lands *are areas traditionally occupied by indigenous peoples, recognized and demarcated by the State. The Federal Constitution determines that these territories are inalienable, exclusively for indigenous use and managed by the peoples themselves, according to their culture and their rules of social organization.*

Nesta página, Ruan Douglas Sousa Silva descascando mandioca usada na produção de farinha. Na dupla de páginas seguinte, cenas registradas na Terra Indígena Kumaruara, em Vista Alegre do Capixauã.
On this page, Ruan Douglas Sousa Silva peels cassava used in the production of cassava flour. On the next double-page spread, scenes captured in the Kumaruara Indigenous Land, in Vista Alegre do Capixauã.

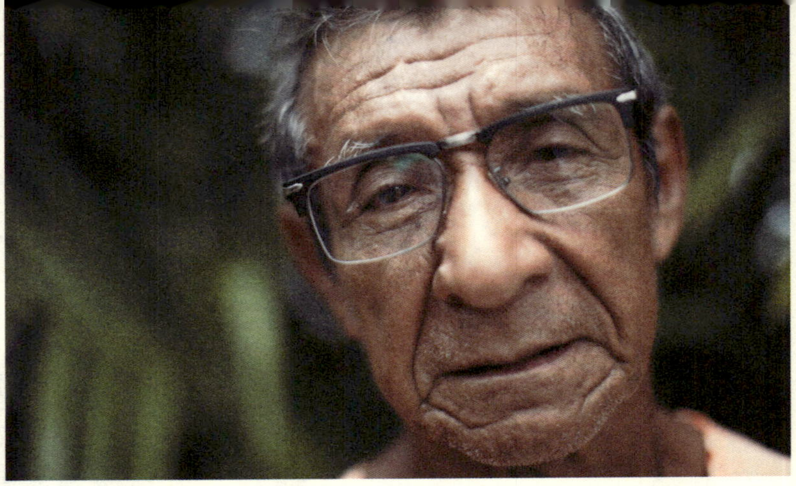
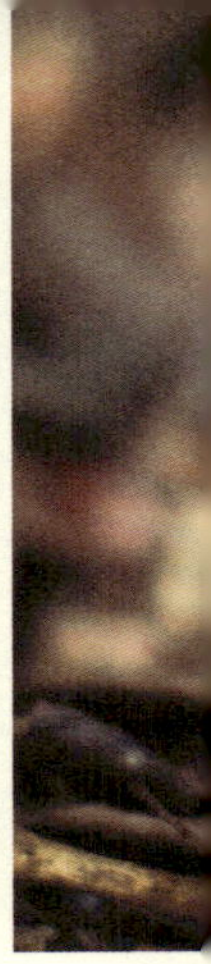

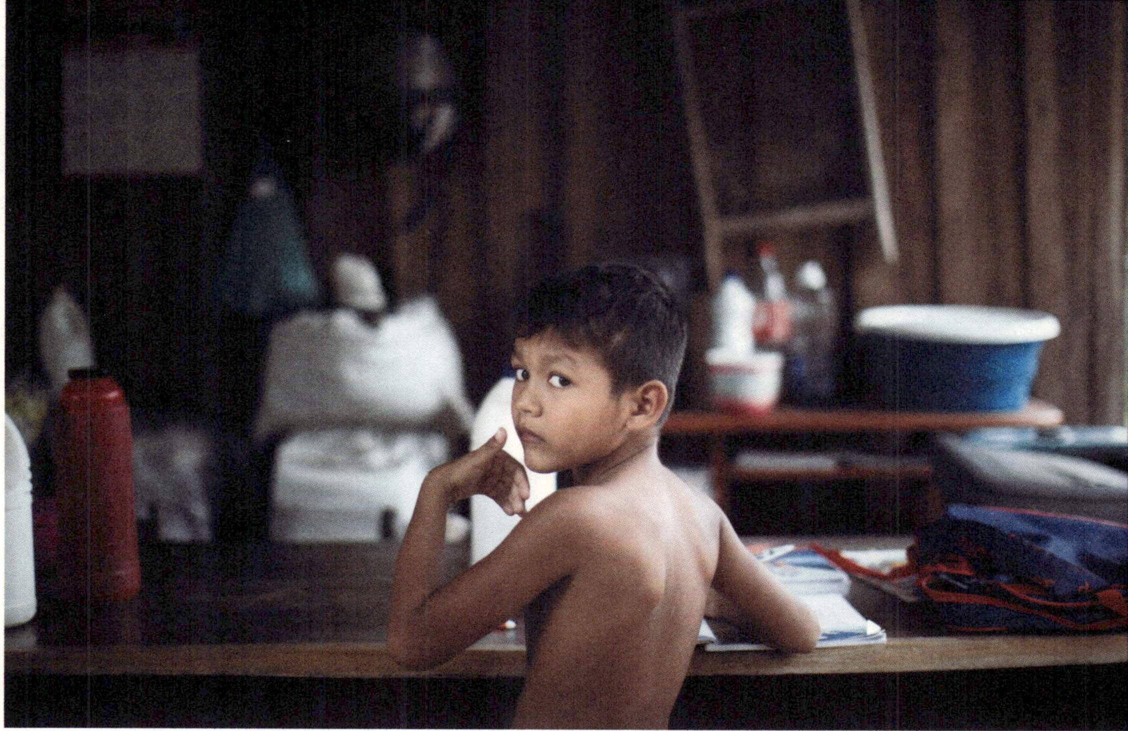

Cogumelo amazônico.
Amazonian mushroom.

O igarapé* a que seu Lucio se refere é o Capixauã, ao qual se chega depois de uma trilha de uma hora de caminhada e que é um dos pontos altos da visita por sua beleza natural. Protegido por mata nativa, as pessoas podem se banhar antes de fazer a travessia de volta numa canoa bajara até a entrada da aldeia. No trabalho com os turistas, cada morador desempenha múltiplas funções. Tem gente que é guia, cozinheiro e catraieiro. Kenned Colares Lima, diretor da escola da comunidade, às vezes assume a cozinha, sua tarefa favorita, mas também cuida do Instagram e, se precisar, conduz a canoa. Ver como as tarefas na pousada são organizadas de maneira horizontal e coletiva nos lembra uma fala potente de Caetano Scannavino sobre a urgência de pararmos de olhar a Amazônia como um ônus de conflitos e desmates e percebermos o bônus que temos nas mãos: "Uma floresta que guarda as sementes da regeneração, que pode nos levar a liderar novos paradigmas rumo a um futuro, como nos ensinam os povos originários, com o coletivo à frente do individual, com mais cooperação em detrimento da competição a qualquer custo, e felicidade pelo bem-estar, pelo bem-viver, ao invés do mero poder de compra e consumo". ❦

over the kitchen, his favorite task, but also takes care of the community's Instagram page and, if necessary, navigates the canoe. Seeing how the tasks in the guesthouse are shared collectively without a hierarchy reminds us of a powerful speech by Caetano Scannavino about the urgency need to stop looking at Amazonia as a burden of conflicts and deforestation, and realize the bonus we have in our hands: "A forest that preserves the seeds of regeneration, which can guide us to new paradigms for the future, as the original peoples teach us, where the collective is above the individual, with more cooperation at the expense of competition at any cost, and happiness for well-being, for living well, rather than the mere power of purchase and consumption." ❦

* **Igarapé** é o nome popular utilizado na Amazônia para descrever um curso de água geralmente estreito e raso que corre dentro da floresta e deságua em rios maiores. Os igarapés são parte essencial da hidrografia amazônica e da cultura amazônida, pois servem como vias naturais de transporte.

Igarapé *is the popular name used in the Amazon to describe a generally narrow and shallow water course that runs inside the forest and flows into larger rivers. The igarapés are an essential part of the Amazonian hydrography and Amazonian culture, as they serve as natural transport routes.*

Reconhecer minha identidade indígena é motivo de orgulho. Mostrar como a gente vive na Resex, se alimentando da caça e da pesca. Agora, estamos na luta para inserir o ensino Notório Saber e Línguas Indígenas [Nheengatu], que foi perdida há muito tempo, na escola da nossa aldeia. Está sendo um grande desafio resgatar a língua que era falada pelos antigos. Eu mesma só sei poucas palavras.

Hoje, a gente trabalha com o turismo de base comunitária. Isso fortaleceu o nosso aprendizado e mudou a nossa questão financeira. Os aldeados viviam da cultura da mandioca e da farinha, e o turismo trouxe mais renda. Aqui perto, entre Vista Alegre do Capixauã e a Comunidade Suruacá, tinha o hotel de uns franceses. Mas eles tiveram que sair, quando passou a ser Resex, e mandaram os clientes pra gente. Isso tem mais de 25 anos, mas a gente recebia sem ter estrutura. Dois anos atrás, o Projeto Saúde e Alegria ajudou a criar uma estrutura mais adequada [a Pousada Uka Suri]. O turismo e a escola ajudam a manter os jovens aqui, perto da gente, para não perdermos a nossa origem, costumes de antigamente e valores.

Somos em três mulheres na liderança da aldeia. Quando assumi como cacica eu tinha 34 anos e senti muito [machismo], não foi fácil. Naquela época, as mulheres não tinham os direitos que hoje têm. Mas mesmo assim eu resisti e estou conseguindo liderar bem a minha aldeia. Hoje as mulheres são empoderadas. Não têm mais aquela questão de dizer: "Ah, o meu marido é maior do que eu em casa, ele que determina". Meu marido é professor e um grande homem. Me deu muito apoio quando virei cacica. Muitas mulheres indígenas deixaram de depender dos maridos pra ter o seu direito de voz. Estão se qualificando, estudando para exercer um cargo na sociedade, como a Sônia Guajajara e a Célia Xakriabá, que nos representam. Fico muito feliz quando os grupos chegam aqui e se emocionam, porque antes eles não viam as mulheres serem lideranças nas aldeias. Hoje temos algumas: a Alessandra Munduruku, a Auricelia Arapiun. Só tá entrando mulher poderosa!

Irenilse Batista Sousa é cacica da Terra Indígena Kumaruara, em Vista Alegre do Capixauã.

Irenilse Sousa

Acknowledging my indigenous identity is a source of pride. Showing how we live in the Resex, eating what we get from hunting and fishing. Currently, we are fighting to include the teaching of Notório Saber [*demonstrated practical knowledge*] *and Indigenous Languages* [Nheengatu] *in the curriculum of the school in our village. It has been a great challenge to rescue the language that was spoken by our ancestors. I know only a few words myself.*

Today, we work with community-based tourism. This has strengthened our learning and changed our financial situation. The villagers used to live just from the cassava and flour culture, and tourism has brought more income. Nearby, between Vista Alegre do Capixauã and the Suruacá community, there was a hotel owned by some French people. But they had to leave when the area became a Resex, and sent their customers to us. This happened over 25 years ago, but we received the visitors without having any structure. Two years ago, the Health and Happiness Project helped us establish a better structure [the Uka Suri guesthouse]. Tourism and school help keep young people here, so we do not lose our origins, old customs, and values.

There are three of us, only women, in the leadership of the village. When I became a Chief, I was 34 years old and felt a lot [of machismo]. At that time, women did not have the rights they have today. But even so I kept going and I am managing to lead my village well. Today women are empowered. They no longer say: "Oh, my husband has more power than me at home, he decides things." My husband is a teacher and a great man. He gave me a lot of support when I became a Chief. Many indigenous women no longer depend on their husbands to have a voice in things. Women like Sonia Guajajara and Célia Xakriabá, who represent us, are getting qualified and studying to hold a position in society. I am very happy when the groups arrive here and get emotional, because they have not seen women leaders in the villages before. Today we have some leaders, like Alessandra Munduruku and Auricelia Arapiun. Only powerful woman are getting there!

Irenilse Batista Sousa *is a Chief of the Kumaruara Indigenous Land, in Vista Alegre do Capixauã.*

Igarapé Capixauã, na Terra Indígena Kumaruara.
Capixauã Igarapé, in the Kumaruara Indigenous Land.

Mingau de crueira

RECEITA **Aldenora Gonçalves**
RENDE **4 cuias**

Crueira é a fibra da mandioca, a parte retida na peneira durante o processo de fabricação da farinha. Desidratada no forno ou seca ao sol, resulta numa farinha de grãos finos ou mais pedaçudos usados no preparo de mingau. Nesta receita, Aldenora faz "uma chuvinha" sobre a farinha fina para formar pequenos grumos, carocinhos, que darão uma textura instigante ao mingau salgado e quentinho. É o jeito perfeito de começar a manhã.

INGREDIENTES

- 200 g de pó de crueira
- 1/2 litro de água
- 1/2 litro de leite
- sal a gosto

PREPARO

Em uma tigela, coloque o pó de crueira e vá espalhando, com a ponta dos dedos, um pouco de água, como se fosse uma chuvinha, para formar pequenas bolinhas. Ponha o leite em uma panela, leve ao fogo e assim que ameaçar ferver, jogue as bolinhas de crueira para cozinhar. Tempere com sal e deixe cozinhar até ficarem macias e o líquido engrossar um pouco. Sirva morno.

Crueira *porridge*

RECIPE BY ***Aldenora Gonçalves***
YIELDS ***4 servings***

Crueira *is the cassava fiber, the part retained in the sieve during the flour manufacturing process. Dehydrated in the oven or dried in the sun, it results in a fine grained flour or small pieces used in the preparation of porridge. In this recipe, Aldenora sprinkles water on the fine flour to form small lumps which will give an interesting texture to the salty and warm porridge. It's the perfect way to start the morning.*

INGREDIENTS

- *200 g of* crueira *powder*
- *1/2 liter of water*
- *1/2 liter of milk*
- *salt to taste*

PREPARATION

Put the crueira *powder in a bowl and sprinkle a little water on it with your fingers, as if it were rain, to form small balls. Heat the milk in a pan and when it approaches boiling point, add the* crueira *balls to cook. Season with salt and cook until soft and the liquid thickens a little. Serve warm.*

Bolinho de farinha puba

RECEITA **Edilena de Oliveira**
RENDIMENTO **10 bolinhos**

Puba *flour dumpling*

RECIPE BY ***Edilena de Oliveira***
YIELDS ***10 dumplings***

Existe uma infinidade de preparos à base de mandioca e seus subprodutos, e a mesa de café da manhã montada por Edilena, Aldenora, Meiry, Izabel e Maryhellena comprovou isso. Com poucos ingredientes e um modo de fazer descomplicado, este bolinho surpreende pela textura e delicada doçura dada pelo mel de abelha canudo.

There is a huge variety of food based on cassava and its by-products, and the breakfast table set by Edilena, Aldenora, Meiry, Izabel and Maryhellena have proved this. With just a few ingredients and a simple method, this dumpling surprises by its texture and the delicate sweetness of the canudo *honey.*

INGREDIENTES

200 g de farinha puba
100 g de goma de tapioca
1 pitada de sal
óleo para fritar
mel de canudo, para servir

INGREDIENTS

200 g of puba *flour*
100 g of tapioca gum
a pinch of salt
oil to fry
canudo *honey, to serve*

PREPARO

1. Passe a farinha puba pela peneira e hidrate com um pouco de água — cerca de ½ xícara, a quantidade de água vai depender do quão hidratada estiver a farinha puba. Deixe a massa fermentar por cerca de meia hora e junte a goma de tapioca e o sal. Amasse bem até conseguir uma massa com liga, bem homogênea.
2. Passe um pouco de tapioca nas mãos e modele os bolinhos no formato desejado — estes da foto a Edilena diz que têm formato de língua — e frite em óleo quente.
3. Deixe escorrer bem e sirva com mel de abelha canudo.

PREPARATION

1. *Pass the* puba *flour through the sieve and hydrate with a little water —about ½ cup, the amount of water will depend on how hydrated the* puba *flour is. Let the dough ferment for about half an hour and add the tapioca gum and salt. Knead well until the dough binds and becomes homogeneous.*
2. *Sprinkle a little tapioca on your hands and model the dumplings in the desired format —those in the photo Edilena says are in the shape of a tongue— and fry in hot oil.*
3. *Drain well and serve with* canudo *honey.*

Tacacá da Cida

RECEITA **Siderlene Silva de Sousa**
RENDE **5 cuias**

A tradição da comida paraense é forte no centro de Alter do Chão, onde há várias barracas de comidas locais que vendem tacacá, vatapá, maniçoba e até pato no tucupi. Uma delas é a da Siderlene, a Cida Borari, que preparou um jantar delicioso com algumas de suas especialidades, como o pirarucu empanado na farinha de mandioca e servido com banana-da-terra, o tambaqui assado na brasa acompanhado de farofa de piracuí e vinagrete e, claro, o tacacá!

INGREDIENTES

- 16 camarões secos
- 200 g de tapioca crua
- 300 g de folhas de jambu
- 5 dentes de alho
- cebolinha e coentro a gosto
- 1,5 litro de tucupi
- 1,5 litro de água para fazer a goma
- sal a gosto

PREPARO

1. Limpe os camarões-secos e reserve. Lave as folhas de jambu e ferva por 5 minutos com um pouquinho de sal.
2. Em outra panela, ponha o tucupi e leve ao fogo com 3 dentes de alho, a cebolinha e o coentro. Quando ferver, desligue e reserve.
3. Prepare, então, a goma. Dissolva a tapioca em uma tigela com dois copos de água e reserve. Leve o restante da água para ferver, tempere com uma pitada de sal e 2 dentes de alho. Quando a água começar a ferver, junte a tapioca diluída previamente, mexendo sem parar até cozinhar — leva não mais que 3 minutos.
4. Na hora de servir, coloque no fundo da cuia um pouco de tucupi, uma concha de goma, o jambu, os camarões e finalize com mais um pouco de tucupi.

Cida's tacacá

RECIPE BY ***Siderlene Silva de Sousa***
YIELDS ***5 servings***

The Pará food tradition is strong in the center of Alter do Chão, where there are several stalls offering local food that sell tacacá, vatapá, maniçoba, *and even* pato [*duck*] no tucupi. *One of them, called Cida Borari, is owned by Siderlene, who prepared a delicious dinner with some of her specialties, such as* pirarucu *crumbed in cassava flour and served with plantain,* tambaqui *fish grilled on embers and accompanied by* piracuí farofa *and vinaigrette, and, of course,* tacacá!

INGREDIENTS

- *16 dry shrimps*
- *200 g of raw tapioca*
- *300 g of* jambu *leaves*
- *5 cloves of garlic*
- *chives and coriander to taste*
- *1,5 liters of* tucupi
- *1,5 liters of water to make the tapioca gum*
- *salt to taste*

PREPARATION

1. *Clean the dry shrimps and set aside. Wash the* jambu *leaves and boil for 5 minutes with a little salt.*
2. *Heat the* tucupi *in another pan with 3 cloves of garlic, the chives, and the coriander. When it starts to boil, remove from the heat and set aside.*
3. *Then prepare the tapioca gum. Dissolve the tapioca in a bowl with two cups of water and set aside. Bring the rest of the water to a boil, season with a pinch of salt and 2 cloves of garlic. When the water starts to boil, add the previously diluted tapioca, stirring non-stop until it is cooked —it takes no more than 3 minutes.*
4. *To serve, add a little* tucupi *to the bottom of the bowl, followed by a ladle of tapioca gum, the* jambu*, the shrimps, and finish with a little more* tucupi.

Tempurá de pimenta-de-cheiro com camarão e geleia de bacuri

RECEITA **Bel Coelho**
RENDIMENTO **4 unidades**

A clássica técnica da cozinha japonesa, de envolver vegetais e proteínas numa massinha líquida e depois fritar, foi adaptada para usar ingredientes locais. Recheada com camarão, a pimenta-de-cheiro é servida com uma geleia de bacuri e um molho ponzu feito com tucupi. Uma entrada saborosa e delicada.

INGREDIENTES

PARA A GELEIA DE BACURI

100 g de polpa de bacuri
100 ml de água
80 g de açúcar
40 g de manteiga
50 ml de vinagre de maçã orgânico
10 g de pimenta dedo-de-moça sem sementes

PARA AS PIMENTAS

4 pimentas-de-cheiro médias
50 g de camarão-cinza limpo
5 g de ciboulette picado finamente
raspas de 1 limão-siciliano
sal a gosto
pimenta-do-reino a gosto
broto de coentro a gosto
10 g de farinha de trigo

PARA O PONZU DE TUCUPI

25 ml de shoyu
20 ml de saquê mirin licoroso
50 ml de tucupi
suco de 1/2 limão taiti

PARA A MASSA DO TEMPURÁ

50 g de farinha de trigo
50 g de amido de milho
120 ml de água com gás
sal a gosto

PREPARO

1. Comece preparando a geleia de bacuri. Em uma panela, coloque a polpa de bacuri, o açúcar e a manteiga. Leve ao fogo baixo e mexa sem parar até caramelizar e ficar com uma tonalidade marrom-clara. Adicione a água e o vinagre de maçã e deixe cozinhar por cerca de 10 minutos em fogo baixo. Quando ficar com textura de geleia, desligue. Leve a mistura ao liquidificador e bata bem. Tire, adicione as pimentas dedo-de-moça picadas em cubos bem pequenos e deixe esfriar.
2. Prepare o molho ponzu. Em uma vasilha, coloque o shoyu, o saquê mirim, o tucupi e o suco de meio limão. Mexa e reserve.
3. Prepare o tempurá. Em uma vasilha, misture a farinha e o amido. Adicione a água com gás bem gelada e dissolva bem até virar uma massa lisa e homogênea. Tempere com um pouco de sal e reserve na geladeira — é importante manter a massa gelada para conseguir um tempurá crocante.
4. Prepare as pimentas. Corte-as ao meio, remova as sementes, coloque um pouco de sal e leve ao forno preaquecido a 150°C por 5 minutos. Enquanto isso, pique bem os camarões previamente limpos e bem secos, tempere com o ciboulette, as raspas de limão, sal e pimenta-do-reino a gosto. Coloque essa mistura em um saco de confeiteiro e recheie as pimentas. Passe-as na farinha de trigo e depois na massa de tempurá. Frite em óleo a 180°C até ficarem levemente douradas e reserve.
5. Em um prato raso, coloque um pouco da geleia e, sobre ela, as pimentas. Adicione mais um pouco de geleia sobre as pimentas e decore com brotos de coentro. Sirva com um pouco de ponzu de tucupi do lado.

Brazilian perfumed mild chili tempura with prawns and bacuri *jelly*

RECIPE BY **Bel Coelho**
YIELDS **4 peppers**

The classic Japanese cooking technique of wrapping vegetables and proteins in a liquid batter and then frying them has been adapted to use local ingredients. Stuffed with shrimp, the chili pepper is served with bacuri *jelly and a ponzu sauce made with* tucupi. *A delicious and delicate starter.*

INGREDIENTS

FOR THE BACURI JELLY
100 g of bacuri pulp
100 ml of water
80 g of sugar
40 g of butter
50 ml of organic apple cider vinegar
10 g of deseeded dedo-de-moça pepper (Capsicum baccatum)

FOR THE PEPPERS
4 medium pimenta-de-cheiro [Brazilian perfumed mild chili] peppers
50 g of cleaned, gray prawns
5 g of finely chopped chives
zest of 1 lemon
salt to taste
black pepper to taste
coriander sprouts to taste
10 g of flour

FOR THE TUCUPI PONZU SAUCE
25 ml of shoyu
20 ml of mirin sake
50 ml of tucupi
juice of 1/2 lime

FOR THE TEMPURA BATTER
50 g of flour
50 g of cornstarch
120 ml of sparkling water
salt to taste

PREPARATION

1. *Start by preparing the* bacuri *jelly. Put the* bacuri *pulp, sugar and butter in a pan. Bring to low heat and stir continuously until it becomes a light-brown caramel. Add the water and the apple cider vinegar, and simmer for about 10 minutes on low heat. When the mixture starts to jellify, remove from the heat. Add the mixture to a blender and blend well. Remove, add the* dedo-de-moça *peppers, chopped into small cubes, and let it cool.*
2. *Prepare the ponzu sauce. Add the shoyu, the mirin sake, the* tucupi *and the juice of half a lemon to a bowl. Stir and set aside.*
3. *Prepare the tempura. Mix the flour and the cornstarch together in a bowl. Add the well-chilled sparkling water and stir until it forms a smooth and consistent batter. Season with a little salt and set aside in the refrigerator — it is important that the batter is chilled to get a crispy tempura.*
4. *Prepare the* pimenta-de-cheiro *peppers. Cut the peppers in half, remove the seeds, add a little salt, and bake in a preheated oven at 150°C for 5 minutes. Meanwhile, chop the previously cleaned and well-dried prawns finely, season with the chives, the lemon zest, salt and black pepper to taste. Stuff the peppers with this mixture using an icing bag. Coat them in flour and then in the tempura batter. Fry in oil at 180°C until a light, golden brown, and set aside.*
5. *To serve, place a little of the jelly on a shallow plate and then put the peppers on top. Add a little more of the jelly over the peppers and decorate with coriander shoots. Serve with a little* tucupi *ponzu on the side.*

Barraca de camarão seco no Ver-o-Peso, em Belém.
Dried shrimp stall in Ver-o-Peso, in Belém.

Glossário

Glossary

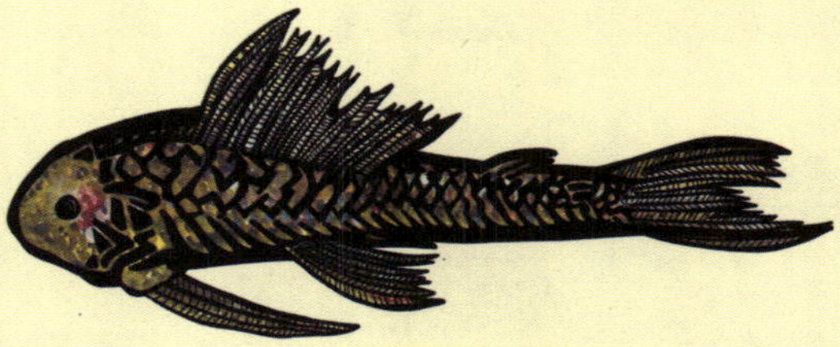

ABIU *Pouteria caimito*	Árvore nativa da Amazônia central e da costa leste do Brasil, em estado silvestre pode chegar a 20 m de altura. Comumente encontrada em quintais agroflorestais das propriedades rurais de todo o país, tem frutos esféricos, com um biquinho pontiagudo e casca amarela e bem lisa. A polpa, gelatinosa e translúcida, é adocicada e perfumada. Por sua forte conexão com a comunidade indígena de Assunção do Içana, no Alto Rio Negro (AM), faz parte da Arca do Gosto do Slow Food. Costuma ser consumida in natura, mas também é usada no preparo de geleias, sucos e sorvetes.	*A tree native to the central Amazonia and the eastern coast of Brazil, which can reach 20 m in height in wild state. Commonly found in agroforestry yards throughout the country, it has spherical fruits with a pointed tip and very smooth, yellow skin. The gelatinous and translucent pulp is sweet and fragrant. Due to its strong connection with the indigenous community in Assunção do Içana, on the Alto Rio Negro (state of Amazonas), it is part of the Arca do Gosto do Slow Food. It is usually consumed raw, but also used in the preparation of jams, juices, and ice creams.*
AÇAI *Euterpe oleracea*	Leia à p. 47	*See p. 47*
ACARI ↗ *Pterygoplichthys pardalis*	Também conhecido como bodó ou acari-bodó, esse peixe de água doce tem o corpo recoberto por placas ósseas e pode atingir 50 cm de comprimento. Vive no fundo de lagos e rios, especialmente em áreas de várzea, mas também em margens de rios de águas brancas. Costuma ficar imóvel sobre troncos ou na lama, movimentando-se lentamente. Alimenta-se de matéria orgânica, algas, larvas de insetos e microrganismos. Resistente, pode sobreviver fora d'água por até dois dias, desde que seu corpo permaneça umedecido. Quando os rios secam, é uma das últimas espécies a abandonar as áreas de várzea. Muito importante na pesca de subsistência, costuma ser vendido vivo em feiras e mercados. A carne do acari tem baixo teor de gordura, assim como sua ova, também bastante valorizada regionalmente. É consumido in natura e uma das espécies empregadas no preparo do piracuí (farinha de peixe).	*Also known as* bodó *or* acari-bodó, *this freshwater fish has a body covered with boney plates, and it can reach a length of 50 cm. It lives on the bottom of lakes and rivers, especially in floodplains, but also on the banks of whitewater rivers. It usually remains still on logs or in the mud, moving slowly, feeding on organic matter, algae, insect larvae, and microorganisms. Resistant, the acari can survive out of water for up to two days, as long as its body remains moist. When the rivers dry up, it is one of the last species to abandon the floodplains. Very important in subsistence fishing, it is usually sold live in street markets and markets. As well as its eggs, the acari's flesh is low in fat and is highly valued regionally. It is consumed fresh and is one of the species used to prepare* piracuí *(fish flour).*

Glossário

Glossary

ALFAVACA ↗
Ocimum capechianum

Também conhecido como alfavaquinha ou alfavaca-do-mato, é um arbusto perene da família dos manjericões, muito aromático, que se propaga por sementes. Cultivada em hortas domésticas e facilmente encontrada nas feiras-livres do Norte, trata-se de uma das ervas mais usadas na cozinha amazônica, essencial para temperar o tucupi e também peixes, cozidos e caldos.

Also known as alfavaquinha *or* alfavaca-do-mato, *this perennial shrub of the basil family is very aromatic, propagating by seeds. Grown in vegetable gardens and easily found in the street markets in the North of Brazil, this is one of the most used herbs in Amazonian cuisine and is essential to season the* tucupi, *as well as fish, stews, and broths.*

ARAÇÁ-BOI
Eugenia stipitata

Seu habitat natural são as matas de terra firme da Amazônia ocidental, especialmente de Brasil, Peru e Bolívia. A planta é um arbusto relativamente pequeno, com cerca de 3 m de altura, bastante cultivado em pomares domésticos. Seus frutos são amarelos e ricos em vitamina C. Têm a pele fina e aveludada, com polpa aromática e suculenta. Pode ser consumido in natura, mas como é muito ácido, costuma ser apreciado em sucos, cremes e sorvetes.

Its natural habitat is the dry land forests of the western Amazonia, especially in Brazil, Peru, and Bolivia. It is a relatively small shrub, about 3 m high, widely grown in domestic orchards. Its fine and velvety-skinned fruit is yellow, with an aromatic and juicy pulp that is rich in vitamin C. It can be consumed fresh, but as it is very acidic, it is usually appreciated in juices, creams, and ice creams.

ARACU
Leporinus friderici

Peixe de água doce, de escamas, pode atingir 30 cm de comprimento. Também é conhecido como piau. Sua coloração varia do castanho ao acinzentado, com manchas escuras arredondadas ao longo do corpo. Onívoro, alimenta-se tanto de insetos quanto de material vegetal. O aracu ocorre em diversos tipos de ambientes aquáticos, inclusive fora da Bacia Amazônica. Tem carne branca, de sabor suave, que costuma ser "ticada" e frita, assada ou ensopada.

A scaly, freshwater fish, which can reach 30 cm long. It is also known as piau. *Its color varies from brown to grayish, with round dark spots along the body. Omnivorous, it feeds on both insects and plant material. The* aracu *is found in several types of aquatic environments, including outside the Amazon Basin. Its delicately flavored white flesh is usually superficially cut and fried, roasted or stewed.*

AVIÚ
Acetes paraguayensis

Também conhecido como avium ou camarão de água doce, é pequenino: tem cerca de 8 mm. Trata-se de um crustáceo encontrado em rios de águas claras da região amazônica, sendo es-

Also known as avium *or freshwater shrimp, the* aviú *is very small —about 8 mm long. It is a crustacean, found in the clear water rivers of the Amazon region, being especial-*

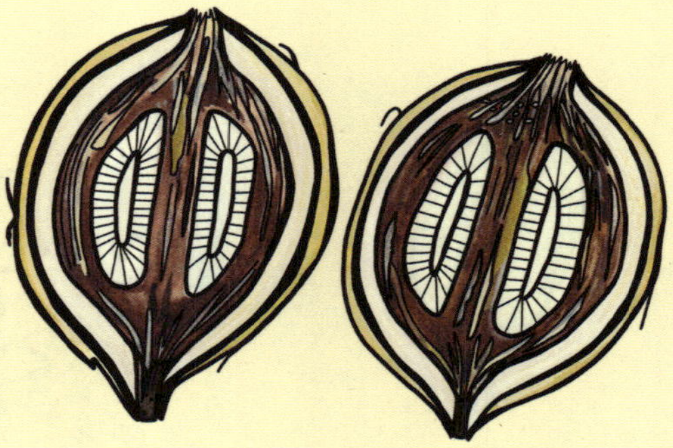

pecialmente comum e abundante nas regiões de Santarém e Cametá. Ocorre sobretudo no inverno amazônico, na temporada de cheia, entre abril e maio. Nessa época, é possível achá-lo fresco, mas o mais comum é que seja vendido já desidratado. É enrolado em folhas de palmeiras, salgado e depois seco. Faz parte da Arca do Gosto do Slow Food por estar intimamente ligado à cultura indígena da região do Baixo Rio Amazonas, no Pará, onde costuma ser consumido em mujicas — um caldo típico —, bolinhos e tortas.

ly common and abundant in the regions of Santarém and Cametá. It is found mainly in the flooded season of the Amazonian winter, between April and May. At this time, it is possible to find it fresh, but it is more commonly sold already dried. It is wrapped in palm leaves, salted, and then dried. It is part of the Arca do Gosto do Slow Food because it is closely linked to the indigenous culture of the Baixo Amazonas region, in Pará, where it is usually consumed in mujicas *—a kind of porridge—, dumplings, and pies.*

BABAÇU ↗
Orbignya phalerata

Palmeira solitária, nativa de toda a região Norte, pode chegar a 30 m de altura. A produção está concentrada no sul do Maranhão, no norte do Tocantins e no Pará. Seus frutos têm endocarpo lenhoso e duro, que protege uma polpa (mesocarpo) seca e farinácea e amêndoas oleosas. Com o mesocarpo produz-se uma farinha, empregada no preparo de bolos e pães ou como espessante. As castanhas podem ser consumidas in natura ou processadas para a extração do óleo, usado na alimentação ou pela indústria de cosméticos. Também podem ser batidas com água, para extração do leite, que, junto da farinha, dá origem a um mingau importante na alimentação das comunidades indígenas e ribeirinhas. O gongo, larva de um besouro que come a amêndoa do babaçu, é outro subproduto desse fruto — sabe a coco e costuma ser frito na própria gordura e comido com farinha. A coleta e a quebra do babaçu geralmente são feitas por mulheres extrativistas, conhecidas como "quebradeiras de coco babaçu". O endocarpo lenhoso também se aproveita, como carvão.

The solitary palm, native to the entire North region, can reach a height of 30 m. Production is concentrated in southern Maranhão, northern Tocantins, and Pará. The woody, hard endocarp of the fruit protects its dry, floury pulp (mesocarp) and oily kernels. A flour made from the mesocarp is used in cakes and bread or as a thickening agent. The kernels can be eaten raw or processed to extract the oil, which is used in the diet or by cosmetics industries. It can also be beaten with water to produce a milky extract which is combined with the flour to make a porridge, an important food for indigenous and riverine communities. The gongo, *the larva of a beetle that eats the kernel of the* babaçu, *is another by-product of this fruit —it tastes like coconut, and is usually fried in its own fat and eaten with flour. The* babaçu *is normally collected and broken open in its natural environment by women who are known as* "quebradeiras de coco babaçu." *The woody endocarp is also used as charcoal.*

BACABA *Oenocarpus bacaba*	Nativa das florestas de terra firme da Amazônia, essa palmeira de caule solitário atinge até 20 m de altura. Também é encontrada em países como Colômbia, Venezuela e Guiana. De casca roxo-escura, seus frutos lembram os do açaí — ficam presos em cachos que podem chegar a 1 m de comprimento. Têm polpa fina e esbranquiçada que, processada, dá origem ao "vinho de bacaba", de alto valor calórico e rico em selênio. O fruto da bacaba também costuma ser usado no preparo de sorvetes, geleias e até em molhos salgados. Embora o palmito seja comestível, não costuma ser consumido com frequência.	*Native of the dry-land forests of the Amazon region, this single-trunk palm tree can reach up to 20 m in height. It is also found in Colombia, Venezuela, and Guiana. Its dark purple skin fruits, similar to those of the açai, grow in large bunches, which can reach up to 1 m in length. Its pulp is fine and whitish. When processed, it turns into "*bacaba *wine," which is high in calories and rich in selenium. The fruit of the* bacaba *is also used to prepare ice creams, jams, and even savory sauces. While the heart of this palm is edible, it is not often eaten.*
BACUPARI *Garnicia brasiliensis*	Nativo das matas de beira de rio, igapós e várzeas, é uma pequena esfera de coloração amarelo-alaranjada, pele fina e polpa branca e suculenta, extremamente aromática, saborosa e ácida. Costuma ser comida in natura e frequentemente é usada no preparo de sucos e sorvetes.	*Native to the forests next to rivers,* igapós *[swampy lands that usually dry out when river water levels drop] and floodplains, it is a small, yellowish-orange, round fruit with a thin skin and a highly aromatic, tasty, and acidic succulent white pulp. It is eaten raw and also used to make fruit juices and ice creams.*
BACURI ↗ *Platonia insignis*	Nativo da área pluvial da Floresta Amazônica e muito comum na Ilha do Marajó, a árvore do bacuri pode atingir 30 m de altura. Por isso, é comum esperar que seus frutos caiam quando estão maduros. Grandes, com formato arredondado, ou ovalado, têm uma casca grossa e amarelada que, por ser aromática e ácida, pode ser usada para fazer doce. Branca, muito perfumada e levemente ácida, sua polpa lembra a aparência de um algodão. Alguns frutos têm o que os ribeirinhos chamam de "filhote", porção de polpa farta sem caroço. Podem ser consumidos in natura, em sucos, sorvetes, musses, geleias, licores e também em	*Native to the pluvial area of the Amazon Rainforest and frequently found on Marajó Island, the* bacuri *tree can reach 30 m in height. This is why it is common to wait for its fruit to fall to the ground when they ripen. Large, round or oval-shaped, the fruits have a thick, yellowish skin, which, being aromatic and acidic, can be used to make sweet dishes. The very fragrant and slightly acid white pulp has the aspect of a cotton bud. Some of the fruits are full of pulp and do not contain a stone, and are called* filhotes *[puppies] by the river dwellers. They can be eaten raw, and used in juices, ice creams, mousses, jams, and liquors, as well as in sa-*

	pratos salgados. As sementes, ricas em gorduras, são aproveitadas para uso medicinal e pela indústria cosmética na produção de cremes hidratantes.	*vory dishes. The seeds, rich in fat, are used for medicinal purposes and in the cosmetics industry for the manufacture of moisturizers.*
BIRIBÁ *Annona mucosa*	Nativo da Floresta Amazônica, tanto em áreas de várzea quanto de terra firme, mas também presente nas áreas de transição para os biomas Cerrado e Mata Atlântica, o biribá é muito cultivado em pomares domésticos. A casca de seus frutos, de coloração amarelo-esverdeada, se distingue pelas saliências proeminentes que chegam a lembrar espinhos. Tem polpa branca, macia e carnuda, muito doce e repleta de sementes pretas e lisas. Consumida especialmente in natura, também entra no preparo de sucos e sorvetes.	*A native of the floodplains and dry regions of the Amazon Rainforest and also found where the forest transitions into the Cerrado and Atlantic Forest regions, the* biribá *is frequently cultivated in domestic orchards. The yellowish-green bark of its fruit is distinguished by prominent, thorn-like protrusions. It is very sweet, with a soft fleshy pulp that is full of black, smooth seeds. Normally eaten raw, it is also used in juice and ice cream.*
BURITI ↗ *Mauritia flexuosa*	Miriti é o outro nome dessa palmeira solitária que pode chegar a 25 m de altura. Encontrada em praticamente toda a região Norte, Nordeste e Centro-Oeste, produz frutos de casca dura, com textura de escama e coloração castanho-avermelhada. Fina e carnosa, sua polpa é amarelo-alaranjada, doce e com um toque levemente ácido. Rica em vitamina A, pode ser consumida in natura ou transformada em "vinho de buriti", sorvetes, sucos e doces de corte. Do buriti extrai-se ainda um óleo que contém caroteno e é usado para fins medicinais (como cicatrizante e vermífugo), culinários e na fabricação de cosméticos. As folhas da palmeira costumam ser utilizadas como cobertura de casas e têm fibras, chamadas de "seda do buriti", com as quais se fabricam tapetes, bijuterias e outros artefatos.	*Also known as* miriti, *this solitary palm tree can reach 25 m in height. Found almost everywhere in the North, Northeast and Center-West of Brazil, the palm produces fruits with a hard, scaly, reddish-brown shell. Fine and fleshy, its yellow-orangish pulp is sweet and slightly acidic. Rich in vitamin A, it can be eaten raw or made into "buriti wine," ice cream, fruit juice or firm candies. The oil extracted from the* buriti *fruit contains carotene and is used for medicinal purposes, such as wound healing and worming, as well as in culinary and cosmetics industries. The leaves of the tree are frequently used as roofing for houses and contain a fiber called "buriti silk," which is used to make rugs, costume jewelry, and other craft items.*

Glossário

Glossary

CACAU *Theobroma cacao*	Leia à p. 97	*See p. 97*
CAMU-CAMU *Myrciaria dubia*	Seus outros nomes populares são araçá-de-água e caçari. Encontrado em estado silvestre em áreas alagadas da região amazônica, é um arbusto com 2 m a 4 m de altura que produz frutos pequenos e redondos, de casca fina e coloração vermelho-escura. Esbranquiçada, a polpa é ácida e suculenta. Uma das frutas de maior teor de vitamina C, costuma ser consumida in natura, na forma de sucos e sorvetes. Também vai muito bem no preparo de molhos e vinagretes, para acompanhar pratos salgados.	*Also known by the popular names of* araçá-de-água *and* caçari. *Found in its wild state in the floodplains of the Amazon region, it is a shrub that reaches a height of 2 m to 4 m and produces small, dark red round fruit with a thin skin. The whitish pulp is acidic and succulent. With one of the highest levels of vitamin C found, the fruit is usually eaten raw, in the form of juice and ice cream. It is also an excellent ingredient in making sauces and vinaigrettes, used as side dishes for savory recipes.*
CASTANHA-DO-BRASIL *Bertholletia excelsa*	Leia à p. 87	*See p. 87*
CHICÓRIA-DO-PARÁ ↗ *Eryngium foetidum*	Chicória-de-caboclo e coentro-bravo são alguns dos nomes populares dados a essa erva, popular nas feiras da região Norte e indispensável para temperar o tucupi e também peixes e caldos. Seu aroma lembra o do coentro, ainda que as folhas tenham aspecto bem diferente — são alongadas, mais rígidas e dentadas. Trata-se de um dos itens que compõem uma combinação de temperos conhecida no Norte como "cheiro-verde" (junto da cebolinha e do coentro). De fácil cultivo e resistente tanto aos períodos secos quanto aos chuvosos, a erva está quase sempre presente nos quintais e roças das famílias amazônicas.	*This herb, popularly known as* chicória-de-caboclo *and* coentro-bravo, *amongst other names, is commonly found in the street markets in the North region of Brazil. It is an essential ingredient to season* tucupi *as well as fish and broths. Its aroma is similar to coriander, though the leaves look very different, being elongated, stiffer and toothed. It is one of the ingredients in the combination of seasonings known in the North as* "cheiro-verde" *[literally, "green smell"], along with scallions and coriander. Easy to cultivate, the herb thrives during both the dry and rainy seasons, and is almost always to be found in the backyards and fields of the Amazonian families.*

CIPÓ-ALHO *Mansoa alliacea*	Trepadeira perene nativa de quase todas as regiões subtropicais do Brasil, especialmente da Amazônia, ganhou este nome popular devido ao forte aroma de alho exalado pelas folhas, que contêm os mesmos compostos encontrados no alho comum. É comumente cultivada nos quintais da região Norte, onde suas folhas são muito usadas como um tempero sucedâneo do alho. É indispensável, por exemplo, no tucupi. Mas o cipó-alho não se restringe à cozinha — também é apreciado pelas propriedades medicinais e, em razão de suas belas flores rosadas, tem uso ornamental.	*This perennial climbing plant is native to almost all the subtropical regions of Brazil, especially the Amazon, and has gained its popular name due to the strong aroma of garlic exhaled by the leaves, which contain the same compounds found in common garlic. It is often grown in the backyards of the North region, where its leaves are widely used as a substitute seasoning for garlic. It is an essential ingredient, for example, in* tucupi. *But* cipó-alho *is not used only in the kitchen, it is also appreciated for its medicinal properties and, because of its beautiful pink flowers, used for decoration as well.*
COGUMELOS AMAZÔNICOS ↗	Muitas espécies de cogumelos coletadas e consumidas por grupos indígenas da Amazônia brasileira, entre eles Yanomami, Tucano, Kawaiwete, Ikpeng e Kayapó Metuktire, estão sendo estudadas nas últimas décadas em razão do potencial alimentar e de cultivo. Entre as espécies comestíveis relatadas em estudos etnomicológicos conduzidos pela bióloga e pesquisadora de cogumelos Noemia Kazue Ishikawa, estão *Auricularia cornea*, *Auricularia delicata*, *Cookeina sp.*, *Favolus yanomami*, *Panus lecomtei* e *Panus strigellus*. Anos atrás, cogumelos colhidos pelos Sanöma, parte do povo Yanomami, foram descritos na enciclopédia dos alimentos dessa etnia, chamada "Ana amopö - Cogumelos".	*Many species of mushroom are collected and eaten by the indigenous groups of the Brazilian Amazonia, including the Yanomami, Tucano, Kawaiwete, Ikpeng, and Kayapó Metuktire. They have been studied over the last decades due to their potential food value and as a cultivated crop. Among the edible species reported in ethnomicological studies led by biologist and mushroom researcher Noemia Kazue Ishikawa, are* Auricularia cornea, Auricularia delicata, Cookeina sp., Favolus yanomami, Panus lecomtei, *and* Panus strigellus. *Many years ago, mushrooms collected by the Sanöma, who are part of the Yanomami people, were described in this ethnic group's food encyclopedia under the name* "Ana amopö —Mushrooms."
CUBIU *Solanum sessiliflorum*	A Amazônia ocidental é o habitat natural dessa fruta também conhecida como maná e maná-cubiu. Os frutos têm pele fina, geralmente alaranjada, e polpa suculenta e muito ácida, repleta de pequenas sementes, à semelhan-	*The natural habitat of this fruit, also known as* maná *and* maná-cubiu, *is western Amazonia. The pulp of this thin-skinned, usually orangish fruit, is succulent and very acidic, full of small seeds, like a tomato —in fact,*

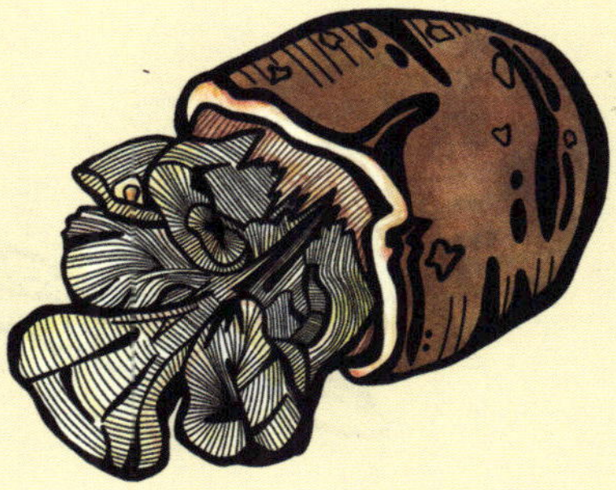

ça de um tomate — aliás, o cubiu pertence à mesma família do tomate e foi domesticado pelos indígenas pré-colombianos. Pode ser consumido em sucos e geleias, mas fica muito bem também no preparo de molhos e vinagretes, para acompanhar pratos salgados mais gordurosos.

cubiu belongs to the same family as the tomato and was domesticated by pre-Columbian indigenous people. It can be consumed in fruit juice and jams, but is also excellent in sauces and vinaigrettes prepared to accompany fattier savory dishes.

CUMARI-DO-PARÁ
Capsicum praetermissum

Pequenos e ovalados, os frutos dessa pimenteira originária das Américas Central e do Sul têm cerca de 3 cm e ficam amarelos quando amadurecem. São bem picantes e saborosos, muito apreciados na região Norte, para temperar pratos salgados e fazer molhos e conservas.

The small, oval fruits of this pepper bush originally from Central and South America are about 3 cm long and turn yellow when ripe. They are very hot and tasty and much appreciated in the North of the country, being used as seasoning in savory dishes, sauces, and preserves.

CUMARU
Dipteryx odorata

As sementes nascem na vagem de uma árvore nativa da região amazônica, na floresta de terra firme e de várzea. Extremamente aromáticas, são usadas como condimento e remédio — no exterior, chamam-se *tonka bean.* Sucedâneo da baunilha, pode ser infusionada em leite e outros líquidos, para aromatizar cremes à base de ovos, sorvetes e outras sobremesas. Por conter cumarina, substância responsável por seu aroma agradável, pode ser tóxica se consumida em excesso.

The seeds are born in pods of this tree, native to the dry areas and floodplains of the Amazon. Highly aromatic, they are used for seasoning and medicines —outside Brazil, they are known as tonka beans. A vanilla substitute, they can be infused in milk and other liquids to flavor custards, ice creams, and other desserts. As they contain coumarin, which is responsible for their pleasant smell, they can be poisonous if used in excess.

CUPUAÇU ↗
Theobroma grandiflorum

As matas de terra firme da região amazônica, especialmente no Pará, são o habitat natural dessa frutífera que pode alcançar 8 m de altura. Amplamente cultivado em outras regiões tropicais do país, produz frutos grandes e ovalados, de até 2 kg. A casca é lenhosa, marrom e aveludada; a polpa, bege-clara, suculenta e muito aromática, de sabor acidulado. O trabalhoso processo de separar a polpa das sementes geralmente é feito com

The natural habitat of this fruit tree, which can reach 8 m in height, are the dry areas of the Amazon region, especially in the state of Pará. Widely grown in other tropical regions of Brazil, the tree produces large and oval fruits, weighing up to 2 kg. The skin is woody, brown, and velvety; the pulp is light beige, succulent, acidic, and very aromatic. The laborious process of separating the pulp from the seeds is usually

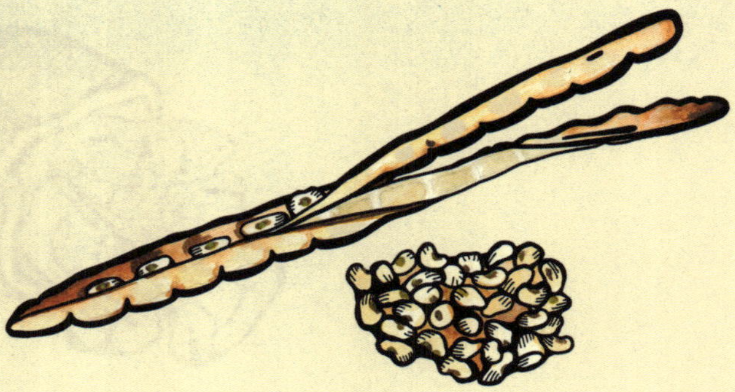

Termo	Glossário	*Glossary*
	o auxílio de uma tesoura. Entra no preparo de sucos, geleias, doces e sorvetes, podendo também ser congelada. Ricas em proteína, as sementes (amêndoas) são grandes e podem ser fermentadas, secas e torradas como se faz com as do cacau, para a produção de cupulate ou a obtenção de uma manteiga aromática, usada pela indústria na fabricação de cosméticos.	*done with the help of scissors. It is used in juices, jams, sweets, and ice creams, and can also be frozen. The large seeds (nuts) are rich in protein and can be fermented, dried, and toasted in the same way as cacao beans, and are used to produce cupulate, a chocolate-like food, or an aromatic butter used in the cosmetics industry.*
CURIMATÃ *Prochilodus nigricans*	Também conhecido como curimatá, curimbatá e grumatã, é um peixe de água doce facilmente encontrado na Bacia Amazônica. Tem escamas grandes e ásperas e pode chegar a 50 cm de comprimento. Costuma formar grandes cardumes e fazer longas migrações reprodutivas — pode vencer, inclusive, corredeiras e subir pequenas cachoeiras. Onívoro, consome detritos, matéria orgânica e algas. É um dos peixes mais populares e economicamente importantes da Amazônia. Os exemplares que vêm de lagos e rios mais arenosos, sem tanto lodo, tendem a ter carne mais saborosa. Em geral, é cortado em tiras, empanado e frito, ou assado inteiro na brasa. Suas ovas também são muito apreciadas.	*Also known as* curimatá, curimbatá *and* grumatã, *this fresh water fish is found in large numbers in the Amazon Basin. It has large, rough scales, and can reach 50 cm in length. It is normally found in large schools and makes long migrations in order to reproduce —it can also successfully navigate rapids and small waterfalls. Omnivorous, it eats debris, organic matter, and algae. It is one of the most popular and economically important fish in Amazonia. The flesh of fish from the lakes and sandy-bottomed rivers in the region is generally tastier, as the water is less muddy. It is normally filleted, crumbed and fried, or grilled whole. Its roe is also much appreciated.*
FARINHA DE MANDIOCA	Leia à p. 36	*See p. 36*
FARINHA DE TAPIOCA	Leia à p. 36	*See p. 36*
FEIJÃO-MANTEIGUINHA ↗ *Vigna unguiculata*	Variedade do feijão caupi, o manteiguinha tem grãos pequeninos, de cor creme e textura amanteigada — daí o nome. Muito consumido na região do Médio e Baixo Amazo-	*A variety of cowpea* (Vigna unguiculata)*, the* manteiguinha *bean is small, cream colored and buttery in texture —hence the name. Eaten in large quantities in the* Médio *and*

	nas, não é um feijão de caldo. Costuma ser usado em saladas e vinagretes, para acompanhar peixes grelhados, ou também no preparo de baião de dois, no lugar do feijão-de-corda verde.	*Baixo Amazonas region, it is not used for bean broths. It is often used in salads and vinaigrettes, to accompany grilled fish, or also in the preparation of the* baião de dois *dish, replacing the green string bean.*
GOMA DE MANDIOCA	Leia à p. 37	*See p. 37*
GUARANÁ ↗ *Paullinia cupana*	Cipó lenhoso originário da região amazônica, em estado selvagem pode atingir 12 m de altura. Hoje é cultivado em pomares domésticos e comerciais nas regiões subtropicais do Brasil. Os Sateré-Mawé foram os responsáveis pela semidomesticação dessa planta conhecida pelas propriedades estimulantes — a palavra "guaraná" deriva de Waraná, nome originário do fruto no idioma Sateré-Mawé, que cultua a frutífera por acreditar que ela é "o ponto de início de todo o conhecimento". Os frutos têm forma de cápsulas alaranjadas com duas sementes revestidas parcialmente por um arilo branco, assemelhando-se a um olho. O guaraná passa por um processo de secagem, torra e moagem e depois é consumido principalmente em pó com água. Outro produto tradicional dos Sateré-Mawé é o guaraná em bastão, que passa por um processo de desidratação em fumeiros para aumentar sua vida útil, adquirindo um sabor defumado. Na hora de consumir, basta ralar o bastão com uma lima metálica, como fazem os ribeirinhos e os indígenas há muitos anos. As famílias Sateré-Mawé mais zelosas à tradição recorrem a pedaços de pedras ásperas retiradas do fundo dos rios de seu território.	*A woody vine native to the Amazon region, it can reach 12 m in height in the wild. Nowadays, it is grown in domestic and commercial orchards in the subtropical regions of Brazil, where it is used to produce a popular soda drink. The Sateré-Mawé people were responsible for the semi-domestication of this plant known for its stimulating properties —the word "guaraná" derives from* Waraná, *the native name of the fruit in the Sateré-Mawé language. They cultivate the fruit because they believe it is "the starting point of all knowledge." The fruit grows as orangish capsules with two seeds partially coated by a white aril, resembling an eye. The guarana is dried, roasted and ground, and is normally consumed as a powder in water. Another traditional product of the Sateré-Mawé people is guarana in the form of a stick, which goes through a process of dehydration in smokers to increase its shelf life, acquiring a smoky flavor. When it comes to consuming it, all it takes is to grate the stick with a metal file, as the riverine and indigenous peoples have done for many years. The more zealous and traditional Sateré-Mawé families use fragments of rough stone collected from the bottom of the rivers in their territory as graters.*

INAJÁ
Attalea maripa

Também conhecida como anaiá ou anajá, é uma palmeira solitária nativa de toda a região amazônica, também encontrada no Mato Grosso do Sul. Pode atingir 24 m de altura, cresce em matas de terra firme e se destaca pela resistência a longos períodos de estiagem. Cada inajazeiro pode produzir, por ano, de cinco a seis cachos — e cada um deles chega a conter até mil frutos. De polpa amarelada, suculenta, aromática e doce, esses frutos são consumidos frescos ou cozidos. Costumam ser usados também no preparo de mingaus revigorantes, em razão do alto teor calórico. Do inajá aproveitam-se também o palmito e a amêndoa comestível contida nas sementes.

Also known as anaiá *or* anajá, *this solitary palm tree is native to the entire Amazon region and also found in the state of Mato Grosso do Sul. It can reach 24 m high, grows in the firm ground of forests and stands out for its resistance to long periods of drought. Each* inajá *tree can produce five or six bunches of up to 1,000 fruits every year. With a yellowish, succulent, aromatic and sweet pulp, this fruit is consumed fresh or cooked. It is commonly used to prepare invigorating porridges, due to its high caloric content. Its palm heart can also be consumed, as well as the edible kernels from the seeds.*

INGÁ
Inga edulis

Há muitas espécies do gênero *Inga* espalhadas pelo território brasileiro. Na Amazônia, essa é uma das mais comuns, também chamada de ingá-de-metro. Está presente também em outras regiões de floresta pluvial atlântica. Com até 25 m de altura, a árvore dá origem a frutos com aspecto de vagem que podem chegar a 1 m de comprimento. Cada vagem é repleta de sementes revestidas por polpa branca e adocicada, com textura que lembra a do algodão.

Many different species of the ingá *genus can be found throughout Brazil. In Amazonia, the* ingá, *also known as the* ingá-de-metro, *is one of the most common. It can also be found in the Atlantic pluvial forest in other regions of the country. Up to 25 m in height, the tree produces bean-like fruit pods up to 1 m long. Each pod is full of seeds covered by a sweet, white pulp, with a cotton-like texture.*

JAMBU ↗
Acmella oleracea

Nativa na Amazônia, é uma erva perene muito cultivada em hortas domésticas na região Norte e indispensável para temperar pratos locais, como o tacacá, o arroz paraense e o pato no tucupi. Os efeitos de dormência da boca e aumento na salivação pelos quais é conhecida devem-se à presença de espilantol, um alcaloide encontrado nas folhas e, em concentração ainda maior, nos

Native to the Amazon, this perennial herb is often cultivated in domestic vegetable gardens in the North region, and is indispensable as a seasoning for local dishes, such as tacacá *[a dried shrimp broth],* arroz paraense *[Pará rice], and* pato no tucupi *[duck in* tucupi *sauce]. The numbness in the mouth and increased salivation for which it is known are due to the presence*

Glossário

Glossary

	botões de flor amarelos. Em razão de suas propriedades diuréticas e anti-inflamatórias, o jambu também é usado para preparar remédios caseiros.	*of spilantol, an alkaloid found in the leaves and, at greater concentrations, in the yellow flower buds. Because of its diuretic and anti-inflammatory properties,* jambu *is also used to prepare home remedies.*
JARAQUI-ESCAMA-GROSSA ↗ *Semaprochilodus insignis*	Espécie mais comum dos jaraquis — a outra é o jaraqui-escama-fina [*Semaprochilodus taeniurus*], de corpo mais alongado e rabo amarelado —, o jaraqui-escama-grossa é um dos peixes mais populares da Amazônia, amplamente aceito e consumido, principalmente frito (inteiro) e servido com baião de dois. Migra anualmente entre rios de água branca e preta e pode atingir 35 cm de comprimento. Alimenta-se de matéria orgânica, algas, bactérias, fungos e outros microrganismos.	*The most common species of* jaraquis *—the other is* jaraqui-escama-fina [*thin-scale*] (Semaprochilodus taeniurus), *which has a more elongated body and yellowish tail—, the* jaraqui-escama-grossa [*thick-scale*] *is one of the most popular fish in Amazonia, widely accepted and consumed, mainly fried (whole) and served with* baião de dois. *It migrates annually between white-water and black-water rivers and can reach 35 cm in length. It feeds on organic matter, algae, bacteria, fungi, and other microorganisms.*
MANDIOCA *Manihot esculenta*	Leia à p. 35	*See p. 35*
MANIVA *Paullinia cupana*	Leia à p. 36	*See p. 36*
MARI-MARI *Cassia leiandra*	Raramente cultivada, essa frutífera que pode atingir 14 m de altura é encontrada com facilidade em seu habitat natural, as matas de várzea inundáveis, igapós, igarapés e lagos nos estados do Pará e do Amazonas. Produz frutos com formato de vagem que podem ter de 40 cm a 70 cm. Dentro deles, as sementes são envolvidas por uma polpa verde, doce e acidinha, enfileiradas à perfeição, como se fossem pequenas balinhas redondas, separadas entre si por uma divisória lenhosa.	*Rarely cultivated, this fruit tree that can reach a height of 14 m and is easily found in its natural habitat, the floodplain forests,* igapós, igarapés, *and lakes in the states of Pará and Amazonas. It produces pod-shaped fruits from 40 cm to 70 cm long. The seeds within are enveloped by a green, sweet and slightly acidic pulp, and are organized perfectly in a line of small spheres, separated from each other by a woody partition.*

MAPARÁ ↗
Hypophthalmus edentatus

Com grande importância comercial e alimentar, especialmente no Pará, o mapará é um peixe amplamente consumido na região do Baixo Amazonas. Tem, em geral, cerca de 35 cm, mas pode atingir 50 cm de comprimento. De hábito planctívoro, alimenta-se de microcrustáceos, algas, larvas de insetos e outros organismos. Outras quatro espécies de mapará são encontradas na Amazônia brasileira, em diferentes rios e com abundância variável: *Hypophthalmus oremaculatus*, *H. celiae*, *H. donascimientoi* e *H. fimbriatus.*

A fish of significant commercial and food importance, especially in Pará, the mapará *is widely consumed in the Baixo Amazonas region. It is usually about 35 cm long, but can reach 50 cm. With planktivorous habits, it feeds on microcrustaceans, algae, insect larvae, and other organisms. Another four species of* mapará *are found in the Brazilian Amazon, in different rivers and of varying abundance:* Hypophthalmus oremaculatus, H. celiae, H. donascimientoi, *and* H. fimbriatus.

MATRINXÃ
Brycon amazonicus

Pode alcançar cerca de 40 cm de comprimento. De coloração cinza-amarelada, tem escamas com bordas escuras. Peixe de hábito onívoro, alimenta-se principalmente de frutos, sementes, insetos e outros invertebrados — os indivíduos adultos consomem predominantemente frutos e sementes. No início da enchente, desce os afluentes para desovar nos rios de água branca. Durante a cheia, sobe os rios em busca de alimento nas florestas alagadas. É uma espécie que costuma ser criada em sistemas de aquicultura na região amazônica.

This fish can reach 40 cm in length. Yellowish-gray, it has dark-edged scales. Omnivorous, it feeds mainly on fruit, seeds, insects, and other invertebrates, though the adults eat mainly fruit and seeds. At the start of the rainy season, it descends the tributaries to spawn in the white-water rivers. When the floods are at their highest, it swims upriver in search of food in the flooded forests. It is bred commercially in the fish farms of Amazonia.

MEL DE CANUDO

A abelha canudo (*Scaptotrigona nigrohirta*), ou tucano, é uma entre as centenas de espécies de abelhas do grupo dos meliponíneos, as abelhas sem ferrão, nativas do Brasil e de outras regiões tropicais da Terra. Ocorre exclusivamente na Amazônia, nas matas de terra firme de Acre, Amazonas, Maranhão, Pará, Rondônia e Roraima, e também no Peru, em sua porção nordeste, na região de Loreto. Espécie altamente defensiva (belisca com as mandíbulas e enrola no cabelo de quem se aproxima), constrói seus ninhos nos ocos de

The abelha canudo (Scaptotrigona nigrohirta), *or* abelha tucano, *is one of hundreds of stingless bee species, the* meliponinae, *found in Brazil and other tropical regions of the Earth. It is found only in Amazonia, in the dry land forests of the states of Acre, Amazonas, Maranhão, Pará, Rondônia and Roraima, as well as in the Loreto region of northeast Peru. Highly defensive (it pinches with its jaws and winds itself into the hair of anyone who gets near), it builds its nest in the hollows of trees, of various types and*

árvores de diversos tipos e tamanhos. Tanto no Amazonas, na região de Maués, quanto no Pará, na de Santarém, são criadas por povos indígenas e comunidades ribeirinhas para a produção de mel. Ácido, levemente frutado e com notas balsâmicas, o mel de canudo pode ser consumido puro (é comum sua utilização na medicina popular) ou adoçar receitas como o bolinho de mandioca da Dona Edilena (leia a receita à p. 149).

sizes. The indigenous peoples and riverside communities in the Maués region of the state of Amazonas and the Santarém region of Pará cultivate the bees for their honey. The acidic mel de canudo, *with a slightly fruity taste and notes of balsamic vinegar, can be consumed pure (it is frequently used in folk medicine) or as a sweetener in recipes such as* Dona *Edilena's cassava cakes (see the recipe on p. 149).*

MEL DE JUPARÁ ↗

Também conhecida como jandaíra-da-várzea ou jandaíra-preta-da-amazônia, a jupará (*Melipona interrupta*) é outra espécie de abelha do grupo dos meliponíneos. Ocorre exclusivamente na Amazônia, especialmente nas áreas de várzea de Amapá, Amazonas, Maranhão e Pará. Dócil e produtiva, trata-se de uma abelha amplamente criada por comunidades ribeirinhas. Seu mel, levemente ácido e floral, é delicado e mais líquido que o convencional. Vai muito bem na finalização de pratos e no preparo de drinques e refrescos.

Also known as the jandaíra-da-várzea *or* jandaíra-preta-da-amazônia, *the* jupará (Melipona interrupta) *is another bee species belonging to the* meliponenae *group. It is confined to Amazonia, especially to the floodplains of Amapá, Amazonas, Maranhão, and Pará. Docile and productive, it is largely raised by riverside communities. Its slightly acidic and floral honey is delicate and more liquid than normal. It is excellent when used to finish dishes, and in cocktails and iced drinks.*

MURICI
Byrsonima crassifolia

Nativo das regiões Norte, Nordeste, Sudeste e Centro-Oeste, ocorre em diferentes tipos de vegetação e também é cultivado em pomares domésticos. Pode atingir 10 m de altura e dá pequenos frutos amarelos, globosos, de polpa suculenta, muito apreciados pelo sabor ácido que sabe a queijo. É consumido em sucos, sorvetes, doces e para aromatizar cachaça. Na cultura popular, é comum armazená-lo em garrafas PET cheias de água, na geladeira, onde pode durar mais de um ano. Também costuma ser amassado com farinha-d'água e açúcar e oferecido como merenda para as crianças.

Native to the North, Northeast, Southeast and Center-West of Brazil, this tree is also found in various types of vegetation and cultivated in domestic orchards. It can reach 10 m in height, and its small, yellow, globular fruit has a succulent pulp, which is much appreciated for its acidic cheese-like flavor. It is consumed in juices, ice creams, desserts, and to flavor cachaça. In popular culture, it is often stored in the refrigerator in soda PET bottles filled with water, where it can last more than a year. It is also commonly kneaded with farinha-d'água [*a form of cassava flour*] *and sugar, and given as a snack for children.*

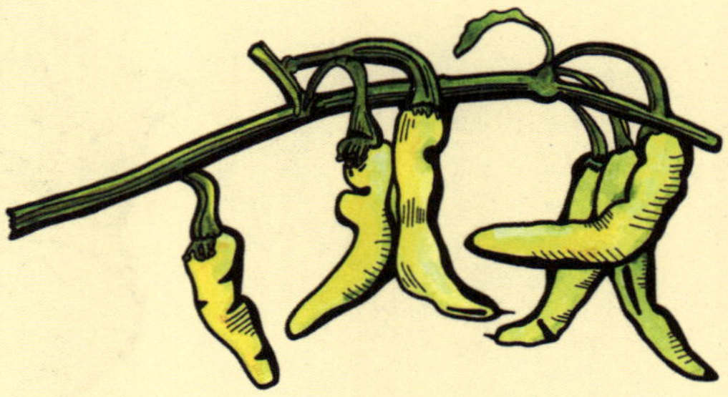

MURUPI ↗
Capsicum chinense

Variedade muito cultivada no Amazonas e no Pará, é uma pimenta alongada e bem enrugada — verde quando imatura; amarela, quando madura. Trata-se de um condimento essencial no preparo de peixes, cozidos e caldos em razão de seu aroma e alta pungência — é muito "ardosa", como se diz localmente. Pode ser encontrada in natura nas feiras livres, em molhos feitos com tucupi e em conservas. Alguns povos indígenas a empregam no preparo da jiquitaia — mistura de pimentas em pó, geralmente moídas no pilão, que pode ou não levar sal.

This long, wrinkled pepper variety is cultivated widely in the states of Amazonas and Pará. Green when unripe, it is yellow when ripe. It is an essential condiment, used in the preparation of fish, stews and broths for its aroma and powerful pungency, and is known locally for its "heat." It can be found fresh in street markets, in sauces made with tucupi, *and in conserves. Some indigenous peoples use it to prepare* jiquitaia *—a mix of different dried and powdered peppers, normally pounded together in mortars, with or without salt.*

ORELHA-DE-MACACO
Alternanthera sessilis

Também conhecida como espinafre-da-Amazônia, é uma erva perene nativa de todas as regiões tropicais úmidas do Brasil e cultivada na região amazônica como alimento. Suas folhas verdes e enrugadas são consumidas frescas, em saladas, ou refogadas, constituindo uma opção nutritiva e saborosa na alimentação regional.

Also known as espinafre-da-Amazônia (*Amazonian spinach*), orelha-de-macaco [*literally, monkey ear*] *is a perennial herb native to all the humid tropical regions of Brazil and grown in the Amazon as food. Its green, wrinkled leaves are consumed fresh, in salads, or sautéed as a nutritious and flavorful option in the regional diet.*

PAJURÁ
Couepia bracteosa

Nativa na floresta pluvial de terra firme da Amazônia, pode alcançar 20 m de altura. Seus frutos geralmente são apanhados do chão e levam, em média, quatro dias para amadurecer depois de caírem. Globosos, com tamanho que pode variar de 10 cm a 15 cm de diâmetro, têm casca áspera e marrom. Doce, aromática e com alto teor de óleo, a polpa é espessa, carnosa e fibrosa, de coloração entre amarelo e marrom. Tem um caroço grande e duro.

Native to the non-flooding areas of the Amazon pluvial forest, this tree can reach 20 m in height. Its fruits are normally harvested from the ground and take about four days to ripen after they are collected. These brown, rough skinned, globular fruits vary from 10 to 15 cm in diameter. The sweet, aromatic yellowish-brown pulp has a high oil content, and is thick, fleshy, and fibrous. It surrounds a large, hard stone.

PATAUÁ
Oenocarpus bataua

Essa palmeira de caule solitário chega a 25 m de altura. Seu habitat natural são as florestas úmidas de várzea e de galeria, inundáveis e

This single-trunk palm tree can reach 25 m in height. Its natural habitat is the humid floodplains and gallery forests —floodable

de terra firme, de toda a região amazônica. Dá origem a frutos oblongos, de cerca de 4 cm de comprimento, roxo-escuros. Calórica, a polpa é carnosa e fina, bastante usada para fazer o "vinho de patauá", de maneira parecida com a do "vinho da bacaba" e o "vinho do açaí". Tem uma amêndoa saborosa, da qual se extrai um óleo comestível.

or dry lands— throughout the Amazon. Its dark-purple fruit is oblong and about 4 cm long. With a high calorific value, the fleshy, fine pulp is commonly used to make "patauá *wine;" in the same way as* "bacaba *wine" and* "açaí *wine." It has a tasty kernel, from which an edible oil is extracted.*

PIRACUÍ

Piracuí é a junção de duas palavras em tupi — *pira* (peixe) e *cuí* (farinha). Muito tradicional na região amazônica, sobretudo em Manaus e também na região do rio Tapajós, essa farinha de peixe é feita geralmente de duas espécies de peixe locais, o acari (*Pterygoplichthys pardalis*) e o tamuatá (*Hoplosternum littorale*). Ambas vivem em fundos de lagos e rios e estragam rapidamente depois de pescadas. Para promover sua conservação e prolongar sua vida útil, são assados, limpos, desfiados e torrados em tachos de barro no fogo a lenha. Com alto valor proteico, o piracuí é fundamental para a segurança alimentar das comunidades nas quais é produzido. Um de seus usos mais recorrentes é no preparo de um bolinho frito, muito saboroso. Mas também é consumido puro, como se fosse uma farofa.

Piracuí *is the combination of two words in the Tupi language —* pira *(fish) and* cui *(flour). Very traditional in the Amazon, especially in Manaus and also in the region surrounding the Tapajós River, this fish flour is usually made from two local fish species,* acari (Pterygoplichthys pardalis) *and* tamuatá (Hoplosternum littorale). *Both live in the bottom of lakes and rivers, and spoil quickly after they are caught. To conserve them and keep them edible, they are baked, cleaned, shredded and roasted in clay pots on a wood fire. With its high level of protein,* piracuí *is essential to the food security of the communities in which it is produced. One of its most common uses is in the preparation of a very tasty fried dumpling. But it is also consumed pure, as if it was a* farofa *[toasted cassava flour].*

PIRAÍBA ↗
Brachyplatystoma filamentosum

Ocorre em quase toda a Bacia Amazônica, em rios de águas brancas e pretas, mas mais frequentemente nos de águas brancas. É o maior bagre amazônico, podendo medir mais de 2 m e pesar 200 kg. Os peixes menores, de até 1,5 m e 50 kg, são chamados de filhote; os maiores, de piraíba. Outra espécie muito similar, mas com o dorso mais escuro e que não ultrapassa 1,5 m de com-

This fish is found almost throughout the Amazon Basin in whitewater and blackwater rivers, but more often in whitewater. It is the largest Amazonian catfish and reaches a length of more than 2 m and weighes up to 200 kg. The smaller fish, up to 1.5 m and 50 kg, is called "filhote" *[puppie], while the larger ones are* piraíba. *Another very similar species, but with a darker back and not*

primento, é chamada de filhote-capa-preta (*Brachyplatystoma capapretum*). A piraíba se alimenta de peixes.

exceeding 1.5 m in length, is called the filhote-capa-preta (Brachyplatystoma capapretum). *The* piraíba *feeds on other fish.*

PIRARUCU ↗
Arapaima gigas

A beleza, o porte avantajado e a importância socioeconômica fazem do pirarucu o peixe mais emblemático da Amazônia. Seu nome vem da junção das palavras *pira* (peixe) e *urucu* (vermelho), em referência à coloração de suas grandes e imbricadas escamas, que formam um lindo mosaico. Peixe de corpo roliço, pode medir mais de 3 m e pesar 200 kg. Habita lagos, é territorialista e se alimenta de peixes e, eventualmente, de camarões, caranguejos e insetos. Curiosamente, é um peixe que tem respiração aérea obrigatória e precisa vir à superfície a cada 20 minutos para respirar; se for impedido de vir à tona, morre afogado. Ainda que existam na região experiências notáveis de manejo sustentável, como as da Reserva de Desenvolvimento Sustentável Mamirauá e as de cerca de cinquenta outros locais no Amazonas, o pirarucu enfrenta riscos em razão do desrespeito às regras para sua preservação, como o defeso. É comercializado fresco e também em mantas salgadas e secas, ingrediente do tradicional pirarucu de casaca, prato regional que também leva farinha de mandioca, leite de coco, pimentão, banana e ovos. Depois de seca, a língua óssea e espinhosa do pirarucu pode ser usada como ralador.

The beauty, large size and socioeconomic importance of the pirarucu *make it the most emblematic fish in the Amazon region. Its name comes from the combination of the Tupi words* pira *(fish) and* urucu *(red), in reference to the coloring of its large, meshed scales, which form a beautiful mosaic. Its plump body can reach over 3 m in length and weigh 200 kg. It inhabits lakes, is territorial, feeds on fish and eventually on shrimps, crabs, and insects. Interestingly, it is a fish that has to breathe air and needs to come to the surface every 20 minutes; if it is prevented from doing so, it drowns and dies. Although there are remarkable instances of sustainable management in the region, such as those of the Mamirauá Sustainable Development Reserve, and in about fifty other locations in the state of Amazonas, the* pirarucu *is at risk due to the disregard for the regulations for its preservation, such as the closed season. It is marketed fresh and also in salted and dried layers, an ingredient of the traditional* pirarucu de casaca, *a regional dish that also includes cassava flour, coconut milk, chili, banana, and eggs. After it is dried, the thorny bone tongue of the* pirarucu *can be used as a grater.*

PRIPRIOCA
Cyperus articulatus

Os tubérculos dessa planta originária da Amazônia e importante na farmacopeia da região são muito aromáticos — têm notas amadeiradas, algo resinosas. Seu óleo essencial é muito valorizado pela indústria farmacêutica

The tubers of this plant native to the Amazon region and important in the region's pharmacopoeia are very aromatic, with woody, somewhat resinous notes. It produces an essential oil that is highly valued by the phar-

Glossário

Glossary

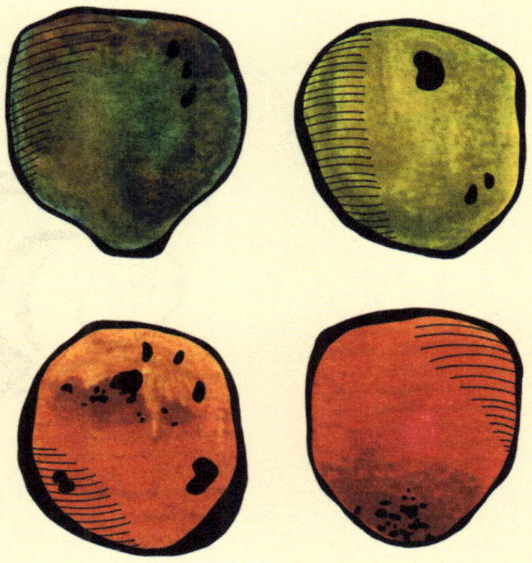

e cosmética, sendo usado para o preparo de cremes e perfumes. Na cozinha, a priprioca é um aromatizador, sobretudo, de sobremesas — e também pode ser transformada em extrato, por meio de infusão em álcool de cereal.

maceutical and cosmetics industries, being used for the preparation of creams and perfumes. In the kitchen, the priprioca *is used as a flavoring, in particular for desserts, and can also be transformed into an extract by infusion in grain alcohol.*

PUPUNHA ↗
Bactris gasipaes

Palmeira que forma touceira, pode chegar a 20 m de altura. Nativa dos neotrópicos, incluindo a região amazônica brasileira, está presente em outros países latinos, como Colômbia, Costa Rica, Peru, Venezuela e Bolívia. É cultivada em todo o Brasil para a obtenção de seu palmito, consumido no lugar do juçara, cuja extração é proibida. Macio e saboroso, o palmito da pupunha pode ser consumido cru ou em conserva. Contudo, na região amazônica a pupunha é celebrada especialmente por seus frutos, fonte de carboidrato e gordura, ricos em betacaroteno. Grudados em grandes cachos, têm um formato esférico ou ovalado, a depender da variedade, e podem chegar a 6 cm de diâmetro. Têm cores variadas, como amarelo, verde, laranja e vermelho, e podem ser bicolores. Atualmente há até variedades sem caroço. A polpa é espessa e farinhenta, bastante oleosa. São consumidos depois de cozidos em água e sal até ficarem macios. Em Belém, é comum ver fileiras de vendedores ambulantes com carrinhos de mão repletos de copinhos com os frutos já cozidos, prontos para o consumo. Algumas variedades mais amiláceas são usadas na produção de farinha. Também se pode achar os frutos preservados em conservas salgadas ou em forma de doces em pasta. Alimento muito importante para povos indígenas como os Yanomami, Tukano, Tucuna e Baniwa, que com o fruto fazem uma bebida fermentada, a caiçuma.

A palm tree that naturally grows in clumps and can reach 20 m in height. Native to the Neotropical realm, including the Brazilian Amazon region, it is also found in other South and Central American countries, including Colombia, Costa Rica, Peru, Venezuela, and Bolivia. It is cultivated throughout Brazil for their palm hearts, which are eaten in place of the juçara palm, whose extraction is forbidden. Soft and tasty, the pupunha palm heart can be consumed raw or preserved. However, in the Amazon, the pupunha is particularly celebrated for its fruit, a source of carbohydrate and fat, rich in beta-carotene. Found in large clusters, it is spherical or oval, depending on the variety, and can reach 6 cm in diameter. The color varies from yellow, green, orange and red, and can be bicolored. Varieties are now available which do not have a stone. The pulp is thick, floury, and very oily. It is eaten after being boiled in salty water until it is soft. In Belém, it is common to see rows of street vendors with handcarts full of paper cups with the fruit already cooked, ready for consumption. Some of the starchier varieties are used to produce flour. The fruit can also be found in salted preserves or in the form of sweet pastes. It is a very important food for indigenous peoples such as Yanomami, Tukano, Tucuna, and Baniwa, who make a fermented drink from the fruit — the caiçuma.

PUXURI *Licaria puchury-major*	As sementes dessa árvore nativa da região amazônica são amplamente usadas na medicina popular e mais recentemente passaram a ser empregadas também na cozinha por seu aroma ímpar. Rígidas, quando secas são raladas como se fossem uma noz-moscada e usadas para condimentar pratos e aromatizar azeites.	*The seeds of this tree, native to the Amazon region, are widely used in folk medicine and more recently are also used in the kitchen for its unique aroma. Rigid, the seeds when dry are grated as if they were a nutmeg to spice dishes and aromatize olive oils.*
SAPUCAIA *Lecythis pisonis*	Nativa da Mata Atlântica, do Ceará ao Rio de Janeiro, e da região amazônica, é uma árvore de copa arredondada que pode atingir 30 m de altura. Produz frutos lenhosos ("ouriços" semelhantes aos da castanha-do-brasil) que contêm, em média, cinquenta sementes oleaginosas. Quando amadurecem, os frutos se abrem naturalmente, espalhando as sementes pelo chão. Ricas em gordura e em proteína, as castanhas são macias e têm sabor delicado; quando bem frescas, são leitosas. Infelizmente, ainda não é fácil encontrá-las no comércio.	*Native to the Atlantic Forest, from Ceará to Rio de Janeiro, and the Amazon region, this tree with a rounded canopy can reach 30 m in height. It produces woody fruits (ouriços, or hedgehogs, similar to Brazil nuts) containing, on average, fifty oilseeds. When they ripen, the fruit opens naturally, spreading its seeds on the ground. Rich in fat and protein, the nuts are soft and have a delicate taste; when very fresh, they are milky. Unfortunately, it is still not easy to find them available for sale.*
SURUBIM *Pseudoplatystoma punctifer*	De formato e coloração similares aos do pintado e da cachara, é um peixe carnívoro que pode atingir 1 m de comprimento. Vive em rios com diferentes tipos de água, nos leitos, lagos e igarapés. De hábitos noturnos, na natureza alimenta-se especialmente de outros peixes. Em diferentes localidades da Amazônia, também é criado em cativeiro. Tem carne branca, firme e muito saborosa.	*Similar in shape and coloring to the* pintado *and the* cachara*, this carnivorous fish can reach a length of 1 m. It lives in all types of rivers, on the river bottom, lakes, and* igarapés*. Nocturnal in habit, it feeds mainly on other fish in its natural habitat. It is also raised in fish farms in various areas of the Amazon region. Its flesh is white, firm, and very tasty.*
TAMBAQUI ↗ *Colossoma macropomum*	Espécie endêmica das bacias dos rios Amazonas e Orinoco, sobretudo nos lagos de várzea, chega a medir 1 m de comprimento e pesar mais de 45 kg. É o segundo maior peixe de escamas da América do Sul, depois do pirarucu. Os indivíduos adultos alimentam-se principalmente de frutos e sementes, enquanto os	*Endemic to the basins of the Amazon and Orinoco rivers, above all to the floodplain lakes, this fish reaches 1 m in length and weighs over 45 kg. It is the second largest scaly freshwater fish in South America, the first being the* pirarucu*. The adult fish feeds mainly on fruit and seeds, while the juvenile*

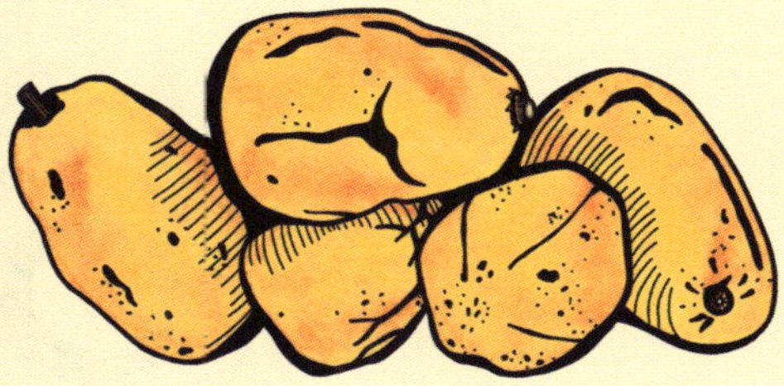

jovens têm alimentação mais diversificada e consomem até zooplâncton. Na época da cheia, o tambaqui ocupa as florestas inundadas nas margens dos rios e lagos, em busca de alimento e abrigo. É um dos peixes de maior importância econômica na região amazônica — tanto na natureza quanto na piscicultura. Tem carne branca, com alto teor de gordura. Costuma ser assado na brasa, em bandas, ou cortado em tiras, junto das espinhas largas e longas, as chamadas "costelinhas de tambaqui", e frito.

fish has a more varied diet, consuming phytoplankton as well. During the flood season, the tambaqui *occupies the flooded forests on the margins of the rivers and lakes, seeking food and shelter. It is one of the most economically important fish in the Amazon region, both in the wild and in fish farming. Its white flesh has a high fat content. It is usually grilled in steaks or cut into strips, along with the wide, long spines, the so-called "tambaqui ribs," and fried.*

TAMUATÁ
Hoplosternum littorale

Conhecido também como soldado, pode atingir 20 cm de comprimento. Tem a lateral do corpo coberta por duas fileiras horizontais de placas ósseas, dispostas de forma imbricada, conferindo-lhe um aspecto pré-histórico, como se usasse uma armadura. Por sua tolerância à baixa oxigenação e capacidade de respiração aérea, é um peixe que consegue sobreviver em áreas degradadas e com águas estagnadas, além de ter a capacidade de se locomover em terrenos úmidos por distâncias consideráveis. Ocorre principalmente em lagos e rios de águas brancas, mas também em igarapés. Onívoro, alimenta-se principalmente de microcrustáceos e larvas de insetos. Costuma ser comercializado vivo nos mercados da região amazônica.

Also known as soldado *[soldier], this fish can reach a length of 20 cm. The side of the body is covered by two meshed horizontal bony plates, giving it a pre-historical appearance, as if it was wearing armor. Its tolerance to low oxygen levels and ability to breathe air allows it to survive in degraded areas and stagnant waters, besides being able to move long distances on wet land. It is found mainly in lakes and whitewater rivers, but also in* igarapés*. Omnivorous, it feeds mainly on microcrustaceans and insect larvae. It is usually sold live in the markets of Amazonia.*

TAPEREBÁ ↗
Spondias mombin

Árvore que pode atingir 25 m de altura, é nativa desde a região amazônica até o Rio de Janeiro e ocorre com frequência em matas ciliares. Seus outros nomes populares são cajá ou cajá-pequeno. Produz frutos amarelos, com cerca de 3 cm, de polpa suculenta. Costuma ser consumida in natura e também no preparo de sucos, sorvetes e geleias.

This tree, which can reach 25 m in height and is native to the Amazon region and further south as far as Rio de Janeiro, is frequently found in riparian forests. It is also known as the cajá *and* cajá-pequeno*. Its yellow fruit is about 3 cm in length and has a succulent pulp. It is normally consumed raw, but is also used in juices, ice creams, and jams.*

Glossário

Glossary

TUCUMÃ ↗
Astrocaryum aculeatum

Nativa da Floresta Amazônica de terra firme, é uma palmeira solitária de até 25 m de altura repleta de longos espinhos. Atualmente é cultivada para extração de seus frutos, ricos em betacaroteno e muito consumidos em Manaus. A casca é lisa; a polpa, fina, bem alaranjada, oleosa e fibrosa, levemente adocicada. Seu caroço é muito duro e guarda, no interior, uma semente (amêndoa) que pode ser torrada e moída para o preparo de um sucedâneo de café, o "café de tucumã", ou usada para extração de óleo. É comum encontrar em Manaus bolsas plásticas repletas de polpa, já em lascas, prontas para o uso. Uma das maneiras mais comuns de consumir tucumã é no x-caboclinho, um sanduíche feito com pão francês, manteiga e queijo coalho — e eventualmente banana —, ou em tapiocas com castanha-do-brasil e queijo coalho.

Native to the drier areas of the Amazon Rainforest, this solitary palm tree can reach a height of up to 25 m and is covered with long spines. Nowadays, it is cultivated for its fruit, which is rich in beta-carotene and very popular in Manaus. The peel is smooth; the thin, slightly sweet pulp has a strong orange color and is oily and fibrous. Its stone is very hard and protects a kernel that can be toasted and ground to prepare a coffee substitute —"tucumã *coffee"— or to extract the oil. It is common to find the pulp, already in shavings and ready for use, in plastic bags throughout Manaus. A very common way of eating* tucumã *is the* x-caboclinho, *a sandwich made with bread, butter, and* queijo coalho *[hard curd cheese] —sometimes with a banana, too. It is also eaten in tapioca flatbread with Brazil nuts and curd cheese.*

TUCUPI

Leia à p. 37

See p. 37

TURU
Teredo navalis

Molusco alongado e esbranquiçado, ocorre em mangues, dentro de troncos de madeira. Como costuma furar a madeira de embarcações, também é conhecido como cupim-do-mar. Na região Norte, é frequente nos manguezais da Ilha do Marajó. Os catadores quebram toras de madeira em decomposição à sua procura. Removem a concha, onde ficam os dentículos raspadores com os quais ele escava os túneis na madeira, puxam a tripa, lavam-no e o comem cru, com sal e limão. Tem consistência e sabor de ostra, baixo teor de calorias e boa quantidade de cálcio e ferro. Também consumido em caldos, com ou sem leite de coco, ceviches e até frito.

This long, thin, whitish mollusk lives in mangrove swamps, inside tree trunks. As it bores into the wooden hulls of boats, it is also known as the cupim-do-mar [sea termite]. In the North region, it is often found in the mangrove swamps on the Island of Marajó. Pickers break open decomposing trunks in search of the delicacy. After removing the shell, with its scraping denticles which it uses to bore tunnels in wood, they extract the guts, wash it, and eat it raw with salt and lime juice. It has the consistency and flavor of an oyster, is low in calories and has large amounts of calcium and iron. It is also consumed in broths, with or without coconut milk, and in ceviches. It can also be eaten fried.

Glossário

Glossary

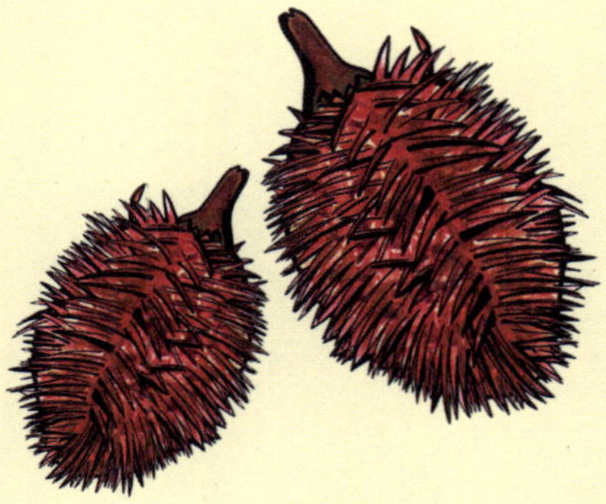

UMARI *Poraqueiba sericea*	Nativa das matas pluviais de terra firme, especialmente do Amazonas, essa árvore pode chegar a 25 m de altura. Trata-se de uma frutífera tradicionalmente cultivada nos quintais da região. No Pará, ocorre uma espécie semelhante, a *Poraqueiba paranesis*. Os frutos têm formato de elipse e podem ser amarelos ou roxo-escuros. O endocarpo lenhoso guarda uma polpa fina, alaranjada e carnosa, que tem de ser roída para se soltar de seu grande caroço.	*Native to pluvial forests which do not flood, especially in the Amazon region, this tree can reach a height of 25 m. It produces fruit and is traditionally grown in the backyards of the region. There is a similar species in Pará, the* Poraqueiba paranesis. *The fruit is elliptical and can be yellow or dark purple. The woody endocarp protects a thin, orangish, fleshy pulp, which can be grated to separate it from the large kernel.*
URUCUM ↗ *Bixa orellana*	Com cerca de 4 m de altura, o urucuzeiro é cultivado nas Américas do Sul e Central para extração de suas sementes, usadas como tempero e medicamento. Pequeninas e de formato triangular, elas têm uma cobertura resinosa vermelho-alaranjada. Os indígenas brasileiros usam o corante do urucum para enfeitar o corpo e para se proteger do sol e de insetos. Sabe-se também que ele tem poder antisséptico e antioxidante. Há diferentes métodos para extração do pigmento presente nas sementes, que costuma ser encontrado em pó, em óleo e em pasta. Como um dos pigmentos, a bixina, não é solúvel em água, comumente a extração é feita em gordura. É justamente assim que se faz o colorau: as sementes são removidas dos frutos secos, aquecidas no óleo e piladas com fubá.	*Reaching about 4 m in height,* urucuzeiro *is cultivated in South and Central America for its seeds, which are used as a seasoning and in medicines. Tiny and triangular, they are covered by a waxy, orangish-red coating. Brazilian indigenous peoples use a dye extracted from the* urucum *seeds to adorn their bodies and to protect them from the sun and insects. It is also known for its antiseptic and anti-oxidizer properties. The pigment is extracted from the seeds using a variety of methods to produce* urucum *powder, oil, and paste. As one of the pigments,* bixina, *is insoluble in water, normally the extraction is done using fat. This is exactly how* colorau *is done: the seeds are extracted from the dry fruits, which are heated in oil and ground with* fubá [cornmeal].
UXI *Endopleura uchi*	Fruta nativa das matas de terra firme do Amazonas e do Pará, pode atingir 30 m de altura. Dá origem a frutos oblongos, de coloração amarela, com polpa fina, oleosa e resinosa. É bem aromática. A polpa é consumida in natura, mas também vai bem em sucos e no preparo de doces pastosos.	*This fruit tree, native to the drier forest areas of the states of Amazonas and Pará, can reach 30 m in height. Its fruit is oblong and yellow, with a thin, oily, and waxy pulp; it is highly aromatic. The pulp is consumed raw, normally grated, but is also excellent in fruit juice and in sweet spreads.*

100% Amazônia
Belém (PA)
www.100amazonia.com
@100amazonia

Associação dos Agropecuários de Beruri (Assoab)
Beruri (AM)
@beruri.assoab

Associação Bujaruense dos Agricultores e Agricultoras (Abaa)
Bujaru (PA)
@abaa_amazonia

Associação Floresta Protegida
Tucumã (PA)
www.florestaprotegida.org.br
@floresta.protegida

Associação Indígena da Bacia do Içana (Oibi)
São Gabriel da Cachoeira (AM)
@oibibaniwa

Associação Indígena Kĩsêdjê (AIK)
Terra Indígena Wawi (MT)
@aik_kisedje

Associação dos Moradores Agroextrativistas da RDS Uacari (Amaru)
Carauari (AM)
www.amaru-am.com.br
@associacao.amaru

Associação dos Moradores e Usuários da RDS Mamirauá (Amurmam)
Fonte Boa (AM)
www.amurmam.com.br
@amurmam_rdsm

Associação dos Povos Indígenas Tiriyó, Kaxuyana e Txikuyana (Apitikatxi)
Terra Indígena Parque do Tumucumaque (PA e AP)
@apitikatxi

Associação dos Povos Indígenas Trombetas-Mapuera (Apim)
Terra Indígena Trombetas-Mapuera (RR, PA e AM)
@apitma.indigena

Associação dos Produtores Agroextrativistas de Canutama (Aspac)
Canutama (AM)
@aspacanutama

Associação dos Produtores Agroextrativistas da Colônia do Sardinha (Aspacs)
Labrea (AM)
@aspacs_labrea

Associação dos Moradores e Produtores Agroextrativistas da Flona de Tefé e Entorno (Apafe)
Tefé (AM)
@associacao_apafe_tefe

Associação dos Produtores Rurais de Carauari (Asproc)
Carauari (AM)
www.asproc.org.br
@asprocmediojurua

Associação Quilombola Espírito Santo do Itá
Santa Izabel do Pará (PA)
@mandioca_ita

Associação Terra Indígena do Xingu (Atix)
Canarana (MT)
www.atixassessoria.wixsite.com/atix
@atix1995

Associação dos Trabalhadores Agroextrativistas da Ilha das Cinzas (Ataic)
Gurupá (PA)
@ataic.ilhadascinzas

Cacauway
Medicilândia (PA)
www.cacauway.com.br
@cacauwayoficial

Café Apuí Agroflorestal
Manaus (AM)
www.cafeapui.com.br
@cafeapui

Centro de Referência em Manejo de Açaizais Nativos do Marajó (Manejaí)
Portel (PA)
@manejai_bemdiverso

rganizações, empreendimentos e plataformas digitais que iabilizam a comercialização de alimentos da Amazônia brasileira.

Organizations, enterprises and digital platforms that support the trading of food and ingredients from the Brazilian Amazon.

Chocolates De Mendes
Santa Bárbara do Pará (PA)
www.demendes.com.br
@chocolatesdemendes

Cocar & Co.
Manaus (AM)
www.cocarandco.com
@cocarandco

Consórcio dos Produtores Sateré Mawé (CPSM)
Maués (AM)
www.nusoken.com
@nusokenoficial

Cooperativa dos Agricultores do Vale do Amanhecer (Coopavam)
Juruena (MT)
@coopavam.mt

Cooperativa Agroextrativista do Mapiá e Médio Purus (Cooperar)
Boca do Acre (AM)
@amazoniacooperar

Cooperativa Agropecuária e Florestal do Projeto Reca
Porto Velho (RO)
www.projetoreca.com.br
@reca.coop

Cooperativa Central de Comercialização Extrativista do Acre (Cooperacre)
Rio Branco (AC)
@cooperacre

Cooperativa Kayapó de Produtos da Floresta (Cooba-y)
Tucumã (PA)
www.coobay.com.br
@coobay_kayapo

Cooperativa de Pequenos Agricultores Familiares da Cidade de Maués
Maués (AM)
@coopersapo.maues

Cooperativa dos Produtores Agroextrativistas do Bailique e do Beira (Amazonbai)
Macapá (AP)
@amazonbai_

Cooperativa Agrícola Resistência de Cametá (Cart)
Cametá (PA)
@cartcooperativa

Cooperativa dos Trabalhadores Agroextrativistas do Oeste do Pará (Acosper)
Santarém (PA)
@acosperstmpa

Cooperativa Central de Produção Orgânica da Transamazônica e Xingu (CEPOTX)
Altamira (PA)
@cepotx.organicos

Cooperativa dos Criadores de Abelhas Indígenas da Amazônia (Coopmel)
Boa Vista do Ramos (AM)
www.coopmelbvr.com.br
@coopmelbvram

Cooperativa de Fruticultores de Abaetetuba (Cofruta)
Abaetetuba (PA)
@cofrutadobrasil

Cooperativa Mista Agroextrativista do Rio Unini (Coomaru)
Barcelos (AM)
@coomaru_oficial

Cooperativa Mista dos Povos e Comunidades Tradicionais da Calha Norte (Coopaflora)
Oriximiná (PA)
@coopaflora

Cooperativa de Produção do Povo Indígena Paiter Suruí (Coopaiter)
Terra Indígena Sete de Setembro (RO e MT)
@coopaiter_romt

Empório Poitara
São Paulo (SP)
@emporiopoitara

Fazenda Bacuri
Augusto Corrêa (PA)
www.fazendabacuri.com.br
@fazendabacuribio

Flor de Jambu
São Paulo (SP)
www.flordejambu.com
@flordejambu.com_

Guaraná Urupadí
Maués (AM)
www.guaranaurupadi.com
@guaranaurupadi

Hutukara Associação
Yanomami (HAY)
Boa Vista (RR)
www.hutukarayanomami.org
@hutukara_yanomami

Instituto Iepé
Santarém (PA)
www.institutoiepe.org.br
@institutoiepe

Instituto Kabu
Novo Progresso (PA)
www.kabu.org.br
@instituto_kabu

Instituto Peabiru
Belém (PA)
www.peabiru.org.br
@institutopeabiru

Instituto Socioambiental (ISA)
São Paulo (SP)
www.loja.socioambiental.org
@socioambiental

Jutica Produtos da Amazônia
Tefé (AM)
www.jutica.com.br
@juticaprodutosdaamazonia

Manioca
Belém (PA)
www.maniocabrasil.com.br
@maniocabrasil

Mazô Maná
Altamira (PA)
www.mazomana.com.br
@mazo.mana

Mercado Municipal Adolpho
Lisboa
Manaus (AM)
@mercadomunicipal_
adolpholisboa

Mercado Ver-o-Peso
Belém (PA)
www.visit.belem.pa.gov.br/
complexo-do-ver-o-peso

Mironga – Queijo do Marajó
Soure (PA)
@queijodomarajomironga

Na'kau – Chocolate Amazônico
Manaus (AM)
https://loja.nakau.com.br
@nakauchocolates

Origens Brasil
Piracicaba (SP)
www.origensbrasil.org.br
@origensbrasil

Peabiru Produtos da Floresta
Belém (PA)
www.peabiruprodutos.com
@peabiruprodutosdafloresta

Projeto Saúde e Alegria
Santarém (PA)
www.saudeealegria.org.br
@saudeealegria

Rede Bragantina de Economia
Solidária Artes e Sabores
Santa Luzia do Pará (PA)
@redebragantinaes

Vem do Xingu
Altamira (PA)
vemdoxingovendas@gmail.com
@vemdoxingu

Warabu Chocolates
Manaus (AM)
www.warabu.com.br
@warabu.chocolate

Nossos anfitriões *Our hosts*

SANTARÉM (PA)
Projeto Saúde e Alegria
www.saudeealegria.org.br
psa@saudeealegria.org.br
@saudeealegria

Cooperativa dos Trabalhadores Agroextrativistas do Oeste do Pará (Acosper)
acosperstmpa@gmail.com
@acosperstmpa

Aldeia Vista Alegre do Capixauã
Resex Tapajós-Arapiuns
ukasurivistaalegre@gmail.com
@pousada_uka_suri

SANTA IZABEL (PA)
Associação Quilombola Espírito Santo do Itá
espiritosantoita@gmail.com
@mandioca_ita

ABAETETUBA (PA)
Cooperativa de Fruticultores de Abaetetuba (Cofruta)
cofrutacooperativa2010@hotmail.com
@cofrutadobrasil

BELÉM (PA)
Cerâmica Família Sant'Ana
ceramicafamiliasantana@gmail.com
@fsceramica

ALTAMIRA (PA)
Rede de Cantinas da Terra do Meio
vemdoxinguvendas@gmail.com
@vemdoxingu

Mazô Maná
www.mazomana.com.br
oi@mazo.bio
@mazo.mana

MEDICILÂNDIA (PA)
Cooperativa Agroindustrial da Transamazônica (Coopatrans)
www.cacauway.com.br
contato@cacauway.com.br
@cacauwayoficial

A concepção e a elaboração deste livro não seriam possíveis sem a inestimável contribuição das organizações que nos receberam em suas casas e compartilharam conhecimento sobre seus territórios.

The conception and development of this book would not have been possible without the invaluable contribution of the organizations that welcomed us into their homes and shared their knowledge about their territories.

Notas da ilustradora

Illustrator's notes

MARINA ARANHA
ilustradora, advogada e mãe de Aurora e Gal
illustrator, lawyer and Aurora and Gal's mother

A percepção das cores varia em função da incidência de luz, da hora do dia. Muda, de acordo com a proximidade ou distância do que se observa. Se flexiona, dependendo da cheia e da seca, do ciclo de vida das plantas e dos animais. Acredito que esses tons também oscilam junto aos olhos de quem os observa.

Assumi o desafio de encontrar uma tonalidade de verde que representasse cada um dos biomas do Brasil. O verde azulado e intenso da Mata Atlântica que desenhei na minha infância não é o verde que encontrei já adulta viajando ao Pantanal. Tampouco parece aquele verde empoeirado do Cerrado, onde escolhi morar. Navegar a Amazônia, ainda que apenas um pedacinho daquela imensidão, é se deparar com uma pluralidade de verdes que me fez questionar essa ideia.

Um estojinho de aquarela me acompanhou nessa jornada. Aquarela é água; aquarela são camadas de tons que se sobrepõem de forma que o primeiro nunca mais desaparece. A água carrega o pigmento que se mistura, esparrama, sai do contorno e forma uma nova cor. Mas estava difícil encontrar a mistura daqueles verdes que víamos: não foi aumentando a quantidade de azul; não foi dessaturando com mais cinza, nem escurecendo com o preto. Tentei partir do verde meio musgo, do mais azulado... Chegava perto, mas não encontrava aqueles tons.

Olhando para a água do rio Arapiuns, Patty Durães — pesquisadora de cultura alimentar que nos acompanhou nessa viagem — exclamou o deslumbre quando notou a cor caramelo. "Caramelo" difícil de nomear fora do referencial amazônico: são tons da terra, do mel de canudo e do mel de jandaíra, do miriti amazônico quando ainda está "verde". Dos troncos de cumaru e da castanheira, das águas dos rios Iriri, do Tocantins e do Maratauíra.

Fiz um quadro de teste misturando todos os seis tons de verde do estojo de aquarela com todos os oito tons de bege, caramelo, marrom e laranja, um a um, chegando a 48 tons de verde caramelados. E, sim, quase todos eles pintavam a natureza ao meu redor.

A partir daí, foi uma delícia encontrar a cor de cada fruta, de cada planta: do urucum, do taperebá, das mil

The perception of colors varies, depending on the way the light falls, the time of day. It changes, according to the closeness or distance we see them from. It flexes, depending on the flood and drought, the life cycle of plants and animals. I believe that these tones also shimmer and shift in the eyes of those who see them.

I took up the challenge to discover the shades of green that represent each of the biomes found in Brazil. The blue, intense green of the Atlantic Forest that I drew when I was a child is not the same green that I saw when I traveled through the Pantanal wetlands as an adult. Nor does it look like that dusty green of the Cerrado where I chose to live. Sailing through the Amazon, even for just a tiny part of that immensity, is to see a diversity of greens that made me question this idea.

A little watercolor set was by my side throughout this journey. Watercolor is water, watercolor is layers of tones that overlap, so that the first layer never disappears. The water carries the pigment, which mixes, spreads, diffuses beyond the borders to make a new color. But it was difficult to find a mixture of those greens we saw: increasing the amount of blue was not the answer, nor was desaturating it with more gray, nor was darkening it with black. I tried to start from a mossier green, from a bluer one... I got close but I couldn't find those tones.

As she gazed at the waters of the Arapiuns River, Patty Durães, a food culture researcher accompanying us on this trip, exclaimed with amazement when she first noticed the caramel color. "Caramel" in this case is difficult to define outside its Amazonian reference: it is the tones of the earth, of the canudo *and* jandaíra *honeys, of the Amazonian* miriti *palm tree when it is still "green." Of the* cumaru *and* castanheira *trunks, of the waters of the Iriri, Tocantins and Marataúra rivers.*

I made a test frame, mixing all the six tones of green I found in the watercolor set with all the eight tones of beige, caramel, brown and orange, one by one, resulting in 48 different tones of "caramel green." And, yes, almost all of them painted the nature that surrounded me.

From then on, it was a delight to find the color of each fruit, of each plant: of the urucum, *of the* taperebá, *of the*

variedades de cacau. Ver que o mesmo tom do solo do assentamento São João Batista (caramelo mais acinzentado) está na base do roxo do açaí daquela várzea. Que a raiz do açaí tem as mesmas matizes e combinações de cores que o caranguejo que nela se esconde. Entender que as tonalidades do miriti da Amazônia são mais carameladas que as dos "mesmos" buritis do seco Cerrado. Que a cor da folha da sumaúma tem na sua composição o tom do rio Xingu.

As cores e ilustrações deste livro foram cuidadosamente escolhidas e realizadas a partir dos verdes caramelados da pupunha, do cacau, das folhas da castanheira da Resex do Rio Iriri, da seringueira, da aninga-açu. Dos vinhos caramelados do miriti, do urucum da dona Edilena, do cacau da Hélia (e da Cacauway), do caule da mandioca da Terra Indígena Kumaruara, das raízes do açaí de várzea. Dos laranjas e amarelos caramelados do taperebá e do tucumã do assentamento Agroextrativista da Gleba Lago Grande (Arapiuns), da pupunha, do cacau da dona Helena e do seu Pedro (km 80F da Transamazônica), das folhas secas da margem do rio Iriri, do caldo de tucupi de Espírito Santo do Itá, do manzape da dona Chagas. Dos roxos caramelados do miriti maduro, do nibs de cupuaçu da Acosper, do cacau vencedor da Miriam e do Leomar (e do não vencedor também), do açaí do Vanildo, do outro caule de mandioca kumaruara.

Se era um verde específico que eu estava procurando, o que encontramos foi a natureza gritando que o tom de suas águas estava na base da cor de tudo que eu queria pintar: folhas, frutos, plantas, terras, animais. Que em tanta diversidade e intensidade de cores, existe uma interdependência, uma permanência.

São comunidades ecológicas e, por que não, cromáticas. As cores mostraram o que uma criança indígena sabe, a ecologia estuda e nossa sociedade urbana parece ignorar: um ecossistema é relação, é comunidade sustentável, é biointeração, é vida orgânica cíclica, é cooperação e interdependência. É uma coisa só: "A terra e tudo que existe na terra", como diria Antônio Bispo dos Santos.

thousand varieties of cacao. To discover that the same earthy, grayish caramel tone of the São João Batista settlement is the base tone of the purple açai on that floodplain. That the roots of the açai have the same shades and combination of colors as the crab that hides amongst them. To understand that there is a stronger presence of caramel in the tones of the Amazonian miriti *palms than in the "same"* buritis *in the dry Cerrado. That the leaves of the* sumaúma *tree have in its composition the tone of the Xingu River.*

The colors and illustrations used in this book have been carefully chosen and executed from the caramelized greens of pupunha, cacao, Brazil nut leaves from the Iriri River Resex, seringueiras [*rubber trees*], *and* aninga-açu. *From the caramelized wines of* miriti, Dona *Edilena's* urucum, *Helia's (and Cacauway's) cocoa, the cassava stem of the Kumaruara Indigenous Land, and the açai palm roots in the floodplains. From the oranges and caramel-yellows of the* taperebá *and the* tucumã *from the AgroExtractivist Settlement in the Lago Grande Gleba (Arapiuns), the pupunha,* Dona *Helena and* Seu *Pedro's cocoa (at kilometer 80F on the Trans-Amazonian Highway), the dry leaves on the margins of the Iriri River, the* tucupi *broth of Espírito Santo do Itá,* Dona *Chagas'* manzape *cake. From the caramel-purples of the ripe* miriti, cupuaçu *nibs of the Acosper, Miriam and Leomar's winner cocoa (as well as the runner-up), Vanildo's açai, the other stem of Kumaruara cassava.*

I may have been looking for a specific green, but what I found was nature striving to show us that the tone of its waters was at the core of the color of everything I wanted to paint: leaves, fruits, plants, earths, and animals. That amongst so much diversity and intensity of color, there is interdependence, a permanence.

They are ecological communities and, why not, chromatic ones as well. The colors showed what an indigenous child knows, what ecology studies and what our urban society seems to ignore: an ecosystem is relationship, sustainable community, bio-interaction, cyclical organic life, cooperation and interdependence. It is a single thing: "Earth and everything that exists on the Earth," as the Brazilian activist Antônio Bispo dos Santos would have said.

Agradecimentos *Acknowledgements*

BEL COELHO

Agradeço primeiramente aos meus filhos, Francisco e José, que diariamente renovam minha esperança na humanidade. Vocês são a força propulsora desta pesquisa e deste livro. É para vocês – e para todas as crianças e jovens – que dedico este sopro de crença em um futuro mais justo e viável do ponto de vista socioambiental.

À Marina Aranha, que começou como ilustradora e virou uma das grandes responsáveis por dar um corpo tão bonito e profundo a este projeto.

Agradeço a cada pessoa que emprestou sua história, tempo e saber para dar vida a este livro feito de encontros e urgências: a todos da Comunidade São Francisco na Resex Arapiuns, da Aldeia Vista Alegre do Capixauã na Terra Indígena Kumaruara, da Comunidade Quilombola Espírito Santo do Itá em Santa Izabel do Pará, do Assentamento São João Batista no Rio Maratauíra, da Comunidade Rio Novo na Resex Rio Iriri. À Acosper (Cooperativa dos Trabalhadores Agroextrativistas do Oeste do Pará) e à Cofruta (Cooperativa de Fruticultores de Abaetetuba), aos produtores de cacau associados à Coopatrans (Cooperativa Agroindustrial da Transamazônica), à Cerâmica Família Sant'Ana e ao Projeto Saúde e Alegria. Agradeço a Saulo Jennings, a Marcelo Salazar e Raimunda Rodrigues, a Caetano Scannavino e a Nay Jinknss.

A meus parceiros profissionais Ana Gabriela Morais, Cristiano da Conceição dos Santos, Caio Pablo de Paula e Patrícia Taqueda e a toda a equipe dos nossos restaurantes, muito obrigada por sustentarem o dia a dia com tanto comprometimento enquanto eu mergulhava nesse processo de pesquisa e escrita. Vocês são parte fundamental dessa construção.

À equipe que participou ativamente desta jornada: Jerônimo Villas-Bôas, pela pesquisa apurada e pelo compromisso com os territórios e pessoas; Carol Quintanilha, pelo olhar sensível, ético e poético; Janaina Fidalgo, pela escrita precisa e afetuosa que traduziu tantas reflexões; Patty Durães, pela pesquisa acurada de culturas alimentares e seus personagens; e Lari Lopez, por dar forma e alma ao conteúdo das redes sociais.

I thank first my children, Francisco and José, who daily renew my hope in humanity. You are the driving force behind this research and this book. It is for you –and for all children and young people– that I dedicate this sigh of belief in a more just and viable future from a socio-environmental point of view.

To Marina Aranha, who started as our illustrator and today is, without a doubt, one of the key members of the team responsible for ensuring that this project is so beautiful and impactful.

I thank everyone who lent us their story, time and knowledge to bring this book of encounters and urgency to life: to everyone from the São Francisco community in the Arapiuns Extractive Reserve, the Vista Alegre do Capixauã village in the Kumaruara Indigenous Land, the Espírito Santo do Itá quilombola *community in Santa Izabel do Pará, the São João Batista settlement on the Marataúíra River, and the Rio Novo community in the Rio Iriri Extractive Reserve; to Acosper (Cooperative of Agroextractivist Workers of the West of Pará) and Cofruta (Abaetetuba Fruit Growers Cooperative); to the cocoa producers associated with Coopatrans (Trans-Amazonian Agroindustrial Cooperative), to the Cerâmica Família Sant'Ana Family and the Health and Happiness Project. I would like to thank Saulo Jennings, Marcelo Salazar and Raimunda Rodrigues, Caetano Scannavino, and Nay Jinknss.*

To my professional partners Ana Gabriela Morais, Cristiano da Conceição dos Santos, Caio Pablo de Paula, Patrícia Taqueda, and the entire team of our restaurants. Thank you for running them with such commitment as I dove deep into the research and writing of this book. You are an essential part of this process.

To the team that actively participated in this journey: Jerônimo Villas-Bôas, for his thorough research and commitment to the territories and people; Carol Quintanilha, for her sensitive, ethical, and poetic gaze; Janaina Fidalgo, for her clear and affectionate writing that translated so many reflections; Patty Durães, for her accurate research on food cultures and their characters; and Lari Lopez, for giving shape and soul to the content we share on social media.

Agradeço também a meus orixás, que me conectam à natureza da forma mais profunda e sagrada. A meu babalorixá Daniel Gonzaga e à família Egbe Ireo, pelo acolhimento espiritual. Foi a partir dessa conexão que muita coisa começou a se alinhar e deslanchar.

A Rica Amabis, pai dos meus filhos, parceiro de vida em tantos momentos — obrigada por caminhar a meu lado com respeito e cumplicidade.

Às famílias Amabis e Camarero, que também são minhas famílias do coração.

E a minha família de origem — Biloca, Deco, Guigo e Luti —, por não me deixarem esquecer de onde vim e manterem vivas as raízes que me sustentam.

A André e Beatrice Corrêa do Lago pelo apoio ao projeto e por serem referência estruturante na minha formação cultural.

A Beto Vasconcelos, pela amizade generosa e por me conectar a Marina Aranha, diretora de arte deste livro. Às amigas e aos amigos que são farol, esteio e inspiração.

A Paulo Martins e família, por terem sido a minha porta de entrada no Pará, ainda em 2004.

E, por fim, meu agradecimento à Editora Fósforo e aos institutos Arapyaú, Open Society Foundation, Imbuzeiro e google.org, por sonharem conosco esse futuro possível. ❦

I also thank my orixás, *who connect me to nature in the deepest and most sacred way. To my* babalorixá *Daniel Gonzaga and to the Egbe Ireo family, for their spiritual welcome. It was from this connection that so much began to align and take shape.*

To Rica Amabis, father of my children, life partner in so many moments —thank you for walking at my side with respect and complicity.

To the Amabis and Camarero families, who also live in my heart.

And to my family of origin —Biloca, Deco, Guigo and Luti—, for not letting me forget where I came from and keeping alive the roots that support me.

To André and Beatrice Corrêa do Lago, for their support for the project and for being a structuring reference in my cultural formation.

To Beto Vasconcelos, for his generous friendship and for connecting me with Marina Aranha, the Art Director of this book. To friends who are a beacon, support, and inspiration.

To Paulo Martins and family, for opening the door to Pará to me, back in 2004.

And finally, my deep thanks to Editora Fósforo and Arapyaú, Open Society Foundation, Imbuzeiro institutes, and google.org for dreaming together with us of this possible future. ❦

Indíce remissivo

A

B

C

D

E

F

G

H

I

J

K

L

M

Index of references

A

B

C

D

E

F

G

H

Bibliografia *Bibliography*

Da esquerda para a direita.
From left to right.

Janaina Fidalgo
Lari Lopez
Bel Coelho
Patrícia Durães
Marina Aranha
Vanildo Quaresma
Jerônimo Villas-Bôas

A ARCA do gosto no Brasil: alimentos, conhecimentos e histórias do patrimônio gastronômico [The ARC of Taste in Brazil: foods, knowledge and stories of gastronomic heritage]. São Paulo/Bra (Piemonte): Associação Slow Food do Brasil/Università di Scienze Gastronomiche di Pollenzo, 2017.

ABRAMOVAY, Ricardo. *Amazônia: por uma economia do conhecimento da natureza* [Amazonia: For an economy of knowledge of nature]. São Paulo: Elefante, 2020.

ALTIERI, Miguel A. *Agroecology: the Science of Sustainable Agriculture.* Boca Raton: CRC Press, 2009. Disponível em: <doi.org/10.1201/9780429495465>. Acesso em: 16 jun. 2025.

ANGELO, Claudio; AZEVEDO, Tasso. *O silêncio da motossera: quando o Brasil decidiu salvar a Amazônia* [The silence of the chainsaw: when Brazil decided to save Amazonia]. São Paulo: Companhia das Letras, 2024.

ATALA, Alex (Org.). Manioh utilissima pohl*: mandioca*. São Paulo: Alaúde, 2021.

BENSUSAN, Nurit; BORGES, Taisa. *Amazônia: e eu com isso?* [Amazonia: what do I have to do with this?] São Paulo: Peirópolis, 2023.

BRASIL. Ministério da Saúde. Secretaria de Atenção à Saúde. Departamento de Atenção Básica. *Guia alimentar para a população brasileira* [Food guide for the Brazilian population]. 2. ed. Brasília: Ministério da Saúde, 2014.

CAPRA, Fritjof. "Ecology and Community". *Ecoliteracy*, 25 out. 2009. Disponível em: <www.ecoliteracy.org/article/ecology-and-community>. Acesso em: 15 abr. 2025.

CAVALCANTE, Paulo B. *Frutas comestíveis da Amazônia* [Edible fruits in Amazonia]. 6. ed. Belém: CNPq/Museu Paraense Emílio Goeldi, 1996. (Coleção Adolpho Ducke.)

CLEMENT, Charles at al. "Domesticação das paisagens amazônicas" ("Domestication of Amazonian Landscapes"). *Estudos Avançados*, v. 38, n. 112, pp. 55-72, 2024. Disponível em: <doi.org/10.1590/s0103-4014.202438112.004>. Acesso em: 16 jun. 2025.

COSLOVSKY, Salo. "Oportunidades para exportação de produtos compatíveis com a floresta na Amazônia brasileira" ["Opportunities to export products compatible with the forest in the Brazilian Amazonia"]. Amazônia 2030. Belém/Rio de Janeiro: Imazon/Centro de Empreendedorismo da Amazônia/CPI/PUC-Rio, 2021. Disponível em: <tinyurl.com/34atc2v5>. Acesso em: 16 jun. 2025.

CUNHA, Manuela Carneiro da etal. (Coord.) *Povos tradicionais e biodiversidade no Brasil* [Traditional peoples and biodiversity in Brazil]. São Paulo: SBPC, 2021. Disponível em: <tinyurl.com/j5tnbux6>. Acesso em: 16 jun. 2025.

CUNHA, Manuela Carneiro da; ALMEIDA, Mauro Barbosa de (Orgs.). *Enciclopédia da floresta: o Alto Juruá — práticas e conhecimentos das populações* [Encyclopedia of the forest: the High Juruá — the populations' practices and knowledge]. São Paulo: Companhia das Letras, 2002.

EMPERAIRE, Laure. *A floresta em jogo: o extrativismo na Amazônia central* [The forest at stake: the *extractivism* in Central Amazonia]. Trad. de Paulo Cohen. São Paulo: Editora Unesp, 2001.

FAO. *The State of the World's Biodiversity for Food and Agriculture*. J. Bélanger e D. Pilling (Orgs.). Roma: FAO Commission on Genetic Resources for Food and Agriculture Assessments, 2019. Disponível em: <tinyurl.com/5bwba4ff>. Acesso em: 16 jun. 2025.

Gliessman, Stephen R. "Agroecology: A Global Movement for Food Security and Sovereignty". In: *Agroecology for Food Security and Nutrition: Proceedings of the FAO International Symposium*. Roma: FAO, 2015. Disponível em: <tinyurl.com/muu2xkxu>. Acesso em: 16 jun. 2025.

IPBES. *Global Assessment Report on Biodiversity and Ecosystem Services.* Eduardo S. Brondízio, Josef Settele, Sandra Díaz, Hien T. Ngo (Orgs.). Bonn: IPBES Secretariat, 2019. Disponível em: <tinyurl.com/6fw9w7yw>. Acesso em: 16 jun. 2025.

KINUPPE, Valdely Ferreira; LORENZI, Harri. *Plantas alimentícias não convencionais (PANC) no Brasil: guia de identificação, aspectos nutricionais e receitas ilustradas* [Non-conventional food plants (PANC) in Brazil: a guide of identification, nutritional aspects and illustrated recipes]. São Paulo: Instituto Plantarum de Estudos da Flora, 2014.

LORENZI, Harri; BRACHER, Luis Benedito; LACERDA, Marco Túlio Côrtes; SARTORI, Sergio Fernando. *Frutas brasileiras e exóticas cultivadas* [Brazilian and exotic cultivated fruits]. São Paulo: Instituto Plantarum de Estudos da Flora, 2006.

MEIRELLES FILHO, João. *O livro de ouro da Amazônia* [Amazonia's golden book]. Rio de Janeiro: Ediouro, 2009.

NEVES, Eduardo Góes. *Arqueologia da Amazônia* [Archaeology of Amazonia]. São Paulo: Zahar, 2006. (Coleção Descobrindo o Brasil.)

______. *Sob os tempos do equinócio: oito mil anos de história na Amazônia Central* [In times of equinox: eight thousand years in the history of Central Amazonia]. São Paulo: Ubu/Edusp, 2022.

SALLES, João Moreira. *Arrabalde: em busca da Amazônia* [Outskirts: in search of Amazonia]. São Paulo: Companhia das Letras, 2022.

SANTOS, Geraldo; FERREIRA, Efrem; ZUANON, Jansen. *Peixes comerciais de Manaus* [Commercial fish from Manaus]. Manaus: Ibama-AM/ProVárzea, 2006.

VILLAS-BOAS, André et al. (Orgs.) *Xingu: histórias dos produtos da floresta* [Xingu: stories of the forest products]. São Paulo: Instituto Socioambiental (ISA), 2017.

A marca FSC® é a garantia de que a madeira utilizada na fabricação do papel deste livro provém de florestas gerenciadas de maneira ambientalmente correta, socialmente justa e economicamente viável e de outras fontes de origem controlada.

FSC
www.fsc.org
MISTO
Papel | Apoiando o manejo florestal responsável
FSC® C011095

Este livro foi composto com as famílias tipográficas Ivy Journal, Ivy Style Sans, Ivy Style TW (Jan Maack | Ivy Foundry) e PP Editorial Old (Mat Desjardins | Pangram Pangram Foundry). Para o miolo foi utilizado o papel Pólen Bold e para a capa o papel Masterblank Lino. Foram impressas 3.000 cópias pela gráfica Ipsis, em novembro de 2025.

This book was designed using the Ivy Journal, Ivy Style Sans, Ivy Style TW (Jan Maack | Ivy Foundry), and PP Editorial Old (Mat Desjardins | Pangram Pangram Foundry) typefaces. Polen Bold paper was used for the interior and Masterblank Lino for the cover. 3,000 copies were printed by Ipsis in November 2025.